五胡十六國

-中國史上의 民族 大移動-

三崎良章 저

김영환 옮김

景仁文化社

저자 서문

이 책은 2002년에 日本 東方書店의 『東方選書』 시리즈의 1권으로서 출판되었다. 『東方選書』의 교양서적이라는 성격으로 인하여, 「五胡十六國」의 역사를 역사 연구자 이외의 독자들도 이해하기 쉽게 평이하게 서술하는 것을 염두에 두었다. 이 책은 「五胡十六國」에 대하여 日本에서 출판된 최초의 전문 서적으로, 해당 시대에 관심을 가지고 있는 일부분의 독자들에게도 받아들여질 것으로 생각한다. 그러나 어디까지나 日本의 독자를 대상으로 집필한 것으로 외국어로 번역된다는 것은 전혀 생각하지 않았다. 이번에 金榮煥 선생으로부터 韓國語로 번역하여 출판할 것을 요청받은 것은 정말로 영광으로 생각한다. 金榮煥 선생에게 심심한 감사의 뜻을 나타내는 바이다.

본인과 韓國의 魏晉南北朝 史學界와의 교류는, 1990년에 朴漢濟·池培善 선생이 日本에서 연구를 위해 체재하는 가운데 알게 된 것이 처음이다. 그 후에 中國에서 개최된 魏晉南北朝史 學會의 자리에서 李周鉉·金裕哲 선생 등과도 알게 되었고, 게다가 金翰奎 선생의 『古代 동아시아 幕府體制 研究』의 서평(『東洋學報』 80-3, 1998년)을 쓸 기회도 주어졌다. 또한 『歷史學報』에 게재된 「回顧와 前望」의 「中國 中世」 부분을 日本語로 번역하여 日本의 魏晉南北朝史 研究會에서 발표하는 등, 韓國에 있어서의 魏晉南北朝史 연구 동향에 항상 주목해 왔다. 즉 日本 내부에서 韓國의 연구 동향을 비교적 일찍부터 의식하고 있었던 연구자중의 한 사람이라고 자부하고 있었으며, 이 책의 번역 출판에 의해서 한층 더 깊은 교류가 가능하게 될 것이라고 기대하고 있다.

古代 韓國의 三國 특히 高句麗는 「五胡十六國」과 매우 깊은 관계를 가지고 있었다. 前燕과 後趙 등에서 高句麗로의 망명, 前燕에 의한 高句麗의 수도 國內城 공격, 高句麗人 北燕 天王 高雲의 존재 등, 十六國 각 국가간의 관계와 동질적인 관계가 十六國 각 국가와 高句麗와의 사이에 전개되었던 것이다.

「五胡十六國」이라는 것은 4~5세기경 中國의 華北과 四川에 있어서 활동한 많은 소수 민족과 건국된 다수의 소규모 국가를 의미하지만, 거기에서 전개된 격렬한 인간의 이동이랑 거기에 따른 소수 민족과 漢族의 융합의 진전 및 새로운 사회의 형성은, 그 동쪽에 위치하는 高句麗에서도 일어나고 있었다. 그리고 그것이 百濟와 新羅, 倭 등에 영향을 주었다. 「五胡十六國」이 韓半島와 日本 列島의 국가 형성에 미친 영향은 중시되지 않으면 안 된다. 그런 의미에서도 韓國이나 日本에서 五胡十六國은 한층 더 주목받아도 좋다고 생각한다.

韓國에서는 「五胡十六國」 전체를 취급한 전문적인 서적이 아직 출판되지 않았다고 들었다. 이 책이 韓國에서 歷史學界 뿐만 아니라 일반 독자에게도 받아 들여져서 「五胡十六國」 역사에 대한 관심이 높아져서 한층 더 연구가 진전되는 것에 조금이라도 기여할 수 있다면 著者로서는 최상의 기쁨이다.

2006년 10월 31일

三 崎 良 章

일러두기

1. 이 책은 三崎良章,『五胡十六國 – 中國史上の民族大移動 –』, 東京, 東方書店, 2006(初版 第3刷本)을 원본으로 번역한 것이다.

2. 왕조명, 인명, 지명, 관직명 등 고유 명사와 내용 이해에 있어서 혼동을 줄 수 있는 용어는 漢字를 사용하였고, 그 나머지는 가능한 한글 사용을 원칙으로 하였다.

3. 왕조 명칭 중 몇몇은 혼란을 방지하기 위하여 통일하였다. 즉 前漢, 後漢, 蜀漢, 成漢, 曹魏, 翟魏, 北魏, 東魏, 西魏 등이다.

4. 연호 뒤의 ( )안에는 서력 기년을 보충하였고 고대 지명 뒤의 ( )안에는 현재 지명을 병기하였다.

5. 오호십육국은 五胡十六國으로 표기하고, 그 외에 년도 등 숫자 표기는 아라비아 숫자로 통일하였다.

6. 문장부호에 있어서 서명은 『 』, 논문 및 편명은 「 」, 문장 중의 짧은 인용문은 " "으로 긴 인용문은 단락을 달리하였고, 나머지는 국문의 관행을 따른 부호를 사용하였다.

8. 원저에 구분되어 있는 圖와 表는 편의상 圖表로 합하고 출현에 따라서 일련번호를 부여하였다.

<차 례>

<도표 차례>

민족의 시대

　　서력 기원 전후의 각 200년 합해서 대략 400년에 걸쳐서 중국을 지배한 漢 帝國은 기원 220년에 명목상으로나 실질적으로나 완전히 멸망하였다. 그 후 6세기 말기에 隋의 文帝에 의하여 통일될 때까지 대략 370년 동안 중국에는 2명, 3명, 혹은 그 이상의, 그리고 어떤 시기에는 非漢人 군주가 동시에 출현하였다. 이것이 魏晉南北朝 시대라고 일컬어지는 정치적 분열 시대이다. 특히 3세기 말기에서 5세기 중기의 중국 북부는, 최대 10여개에 이르는 정권이 병립하여 五胡十六國 시대라고 일컬어지는 대분열 시대가 되었다. 게다가 이 시대는 단순히 정치적으로 분열되었던 것만이 아니라 匈奴族을 시작으로 여러 개의 소수 민족이 활발하게 활동하였다. 마침 이 시기에 유럽에서는 게르만(German) 민족의 이동에 의하여 로마 제국이 쇠퇴하여 동서로 분열되었고, 게르만 민족의 부족 국가가 건국되기 시작하였다. 유라시아 대륙은 바야흐로 민족의 시대가 되었던 것이다.

　　게르만 민족의 여러 부족 국가의 대부분은 마침내 그 중의 하나인 프랭크(Frank) 왕국에 의하여 통합되었고, 서유럽 세계가 형성되었다. 그 때문에 게르만 민족의 이동은 현대로 이어지는 유럽의 대체적인 구조의 성립과 관련이 있다고 평가되었다. 그러나 게르만 민족의 이동에 비하면, 五胡十六國에 대한 지금까지의 평가에는 부정적인 것이 많았다. 시험 삼아 일본에서 출판된 중국사나 동양사 개설서의 이 시대에 대한 章節의 명칭과 견해를 살펴보면, 五胡亂華로 되어있거나 亂離, 混亂, 動亂, 紛亂 등이라는 말이 눈에 띈다. 게다가 "蠻夷 등이 中華를 어지럽혔다", "中華民族의 역사가 시작된 이후의 굴욕" 등의 표현도 있다. 이것은 일본에만 국한된 것이 아니라 중국과 한국의 개설서에도 보이는 경향이다. 실제로 이 시기는 정치적으로 많은 정권이 병존하였고, 통일적인 정권의 강력한 皇帝가 중국을 통치한 것은 아니다.

하지만 그것은 과연 당연히 비난 받아야만 하는 혹은 부정 되어야만 하는 것일까? 분명히 天命을 받은 天子가 천하를 통치한다는 중국적 정통 왕조의 의식과 전통적인 중국사 인식에서 보면, 이 시대는 혼란의 시대로써 비난받아야만 하는 것일지도 모른다. 그렇지만 현대에 살고 있는 우리들이 그것을 관습적으로 계승하지 않으면 안 된다는 것을 일컫는 것은 아니다. 종래의 얽매임으로부터 벗어나 보면, 이 시대는 뜻밖에 매력적이고 다양한 가능성으로 가득 차 있던 시대라고 생각되어진다. 漢族을 포함한 수많은 민족이 중국의 대지에서 자기를 주장하고 영향을 주고받으며 또 융합해서 새로운 사회와 새로운 문화를 만들어 내고 그리고 새로운 중국을 형성해 가는 시대인 것이다.

예를 들면 이 시대 중국의 영토에 건설된 여러 국가 간에, 또 중국의 여러 국가와 朝鮮 반도와 西域 등 주변의 여러 세력 간에 册封 관계를 기축으로 하는 국제 관계가 정비되었고, 그것이 세계 제국 唐 왕조의 성립으로 이어졌다. 게다가 唐 왕조를 지탱하는 군사 제도인 府兵制와 토지 제도인 均田制 등 여러 제도의 원천도 五胡十六國 시대에 보인다. 한편 陵墓의 벽화나 陶俑을 보면 漢代의 여성이 深衣라고 하는 상의와 치마가 연결된 느슨한 의복으로 몸을 감싸고 있는 것에 대해서, 이 시대 이후의 여성은 짧은 상의에 긴 스커트인 長裙短衣를 입고 발이랑 피부의 노출도도 높아지고 있는 것을 알 수 있다. 또한 남녀 모두 袴褶服이라고 하는 바지처럼 다리 가랑이가 분리되어 말 타고 활쏘기에 편리한 옷을 입고, 여성도 말 타기와 馬球(말 타면서 하는 일종의 공치기; polo) 놀이에 흥겨워할 줄도 알게 되었다. 그리고 이 시대에 널리 알려진 불교는 前漢의 수도長安(陝西省 西安市)에서는 볼 수 없었던 불교 사원이 건축되어 늘어서 있는 경관을 唐의 수도 長安에 옮겨 놓았다. 이와 같은 정치적, 사회적, 종교적 변화는 五胡十六國 시대에 있어서 漢族과 非漢族의 대규모 이동과 병합을 통해서 발생하였다. 즉 五胡十六國은 확실히 이후 중국을 만들어 내는 매우 중요한 요소였던 것이다.

이 책에서는 이러한 五胡十六國 시대를 종래에 가졌던 이미지를 제거하고 여러 민족의 자기실현과 새로운 중국 건설로의 태동 시대로 묘사함으로써, 중국 사회가 많은 민족의 활동과 융합에 의하여 형성되었다는 것을 밝히고 싶었다. 이 책의 구성은 다음과 같다.

제1장에서는 五胡十六國 시대에 이르기까지 소수 민족의 동향, 중국 왕조 특히 後漢과 曹魏, 西晉의 소수 민족에 대한 대응을 밝혔다. 제2장에서는 이전부터 五胡十六國이라고 관습적으로 말하게 되어 온 그 말의 의미를 생각하였다. 그리고 제 3장에서는 十六國의 흥망 상태를 특히 정치 과정을 중심으로 서술하였다. 五胡十六國 시대를 주제로 한 단행본은 본인이 아는 한 현재까지 일본에서는 출판되지 않았다. 따라서 五胡의 여러 民族과 十六國의 여러 국가가 본래 어떤 성격을 갖고 어떤 역사를 새겨 왔는지 일반 독자에게는 이해하기 어렵다고 생각되었다. 그래서 3장에서는 조금 번잡하지만 각 국가의 동향을 개괄적으로 살펴보았다.

이어서 제4장에서는 五胡十六國 세계의 주위에서 전개되는 朝鮮, 西方, 北方과의 관계와 불교의 동향, 그 위에 十六國과 東晉과의 관계로부터 十六國이 또 五胡가 중국에서 어떻게 스스로를 평가했는가라는 문제를 거론하였다. 그리고 제5장에서는 이 시대 전체의 인간의 이동과 그 결과인 여러 민족의 융합을 생각하였다. 그 외에 終章에서는 五胡十六國 시대 여러 민족의 이동과 융합이 그 다음 시대에 어떻게 영향을 끼쳤는지에 대해 전망하고 싶었다.

중국에서의 민족 대이동은 중국에 무엇을 초래했을까? 이 책을 통해 그 답을 찾아 나가고 싶다. 그러면 민족의 시대로 들어가 보자.

제1장

後漢～西晉 시대의 소수 민족

제1절 소수 민족의 중국 이주

농경을 주요 생업으로 하는 漢族이 거주하는 지역 즉 중국의 주변에는 고대부터 다양한 소수 민족이 존재하였다. 그들은 교역과 전투의 형태로 漢族과 교섭을 유지하고 있었지만 특히 後漢 시대부터 중국 내지로 활발히 이주하게 되었다. 匈奴를 시작으로 烏桓(烏丸), 鮮卑, 羌, 氐 등의 민족이 중국으로 유입하여 定住하고 있었다. 우선 그 상황을 민족별로 확인해 보자.

▫ 匈奴

戰國 시대 말기 이래로 몽골 고원을 중심으로 중국 북방에서 활발히 활동하고 중국의 큰 위협이 되었던 민족이 匈奴이다. 그들은 유목을 생업으로 하고 있었고, 前漢 건국 당시 匈奴를 거느리고 있었던 冒頓單于(單于는 흉노 우두머리의 칭호)는 주위 여러 민족으로 세력을 넓히고 前漢에도 압력을 가했다. 이에 대해서 前漢 제국은 당초 和親策을 채택하고 있었지만, 기원전 2세기 후반 武帝 이후에 匈奴 공격을 전개하였고 또 匈奴에 내분이 있었던 기원전 1세기 말에는 匈奴를 동서로 분열시켰으며 西

匈奴를 멸망시켰다. 그러나 匈奴는 後漢 초기에 興單于의 통솔 하에 세력을 확대하고 그 동방에 있던 유목 민족인 鮮卑와 鳥桓을 거느리고 後漢 북쪽 변경에 여러 차례 침입하여 약탈하게 되었다. 그러나 기원 45년에 興單于가 사망하고 후계자 쟁탈이 시작되었으며 여기에 자연 재해가 겹쳐서 匈奴 국가는 쇠퇴되어 갔다.

그리고 48년에 匈奴는 남북으로 분열되었고 南匈奴와 北匈奴로 일컬어졌다. 이 기간에 北匈奴는 서방으로 이동하였고 2세기 후반에는 중국 사료로부터 소식이 끊어졌다. 한편 日逐王 比는 呼韓邪單于라고 일컫고 南匈奴를 통솔하여 50년에 後漢에 복속하였다. 그들은 西河의 美稷(內蒙古自治區 淮格爾旗)에 王庭(수도)을 설치하고, 五原(內蒙古自治區 包頭市)에서 代郡(山西省 陽高縣)에 이르는 內蒙古自治區 및 山西省과 河北省 북쪽 변경 일대에 거주하며 유목에 종사하면서 漢族과 섞여 살았다. 『後漢書』「南匈奴傳」에 의하면 그 부락민은 당초 4~5만 명이었지만 그 후 北匈奴에서 항복한 자가 잇달아서 90년에는 23만 7,000명에 달했다. 그리고 그 기간에 南匈奴는 漢族과 섞여 살면서 점차 농경도 받아들여 유목 민족의 특징을 잃어 갔다.

2세기 전반부터 중엽에 걸쳐서 南匈奴의 인구는 약 50만 명에 달했지만 後漢으로의 종속화도 진행되어 갔다. 188년에 南匈奴에서는 내란이 발생하였다. 羌渠單于가 부락민에게 살해되고 아들인 於扶羅가 單于가 되어 平陽(山西省 臨汾市)에 본거지를 두었지만, 於扶羅의 單于 즉위를 인정하지 않는 부락민이 美稷에서 須卜骨都候를 세워 南匈奴는 두 파로 분열되었다. 그러는 사이에 山西의 於扶羅單于의 동생인 呼廚泉單于는 216년에 曹操에게 항복했지만 曹操는 그를 鄴城(河北省 臨漳縣)에 억류하고 그의 종족에게 조세를 부담시켰다. 이로 인하여 山西의 匈奴는 자립성을 상실하였고 일부는 노예화되었다.

匈奴 單于를 억류하는 정책은 曹魏 정권이 성립된 후에도 계속되었다. 그 결과 南匈奴는 통합의 중심이 돼야 할 존재를 얻지 못한 채 약체화

되어 갔다. 그 후 3세기 중엽이 되자 幷州(山西省)에 거주하는 匈奴 내부에서 새롭게 통합화의 움직임이 일어났다. 匈奴王 劉靖 혹은 右賢王 劉豹라 일컫는 인물이 출현하였다. 이에 대하여 曹魏 정권은 통일을 저지하기 위하여 분할 통치 정책을 채택하였고, 이 정책은 西晉 초기에 이를 때까지 몇 번이나 되풀이 되었다. 匈奴는 최종적으로는 5部로 분할되었지만, 그 사이에도 匈奴의 정착화는 진행되었으며 西河, 太原, 平陽, 新興 등의 여러 郡(山西省)에서 半農半牧의 생활로 접어들었고 인구도 100만 명 이상으로 증대되었다.

□ 烏桓(丸)

烏桓은 匈奴의 冒頓單于에게 멸망한 東胡의 후예인 유목민족으로, 前漢 武帝 때에는 匈奴의 동쪽 老哈河 유역(內蒙古自治區 東部)에서 匈奴에게 복종한 세력으로 알려져 있다. 烏桓은 武帝의 匈奴 공격으로 현재의 河北省 북부에서 遼寧省에 이르는 幽州의 上谷, 漁陽, 右北平, 遼西, 遼東의 塞外(長城 이북)로 이동했지만, 新으로부터 後漢 초기에는 匈奴랑 鮮卑와 연대해서 중국에 침공한 적도 있었다. 그러나 光武帝의 회유책의 결과로 49년에 烏桓 大人 郝旦은 後漢에 조공하였다. 그래서 光武帝는 烏桓의 추장 80여 명을 侯, 王, 君, 長으로 임명하고, 遼西, 右北平, 漁陽, 廣陽, 上谷, 代, 雁門, 太原, 朔方 등의 여러 郡(遼寧省, 河北省, 山西省, 內蒙古自治區)으로 이주시켰으며, 烏桓을 匈奴와 鮮卑 및 기타 주변 세력에 대한 대책으로 이용했던 것이다.

그러나 2세기가 되자 烏桓은 鮮卑, 南匈奴와 연대해서 後漢 변경에 침입하는 한편, 後漢 邊郡의 병솔과 함께 鮮卑를 공격한 적도 있는 등 叛亂과 服從을 되풀이하는 상황이 되었으며 점차 後漢을 배반하게 되었다. 인구는 靈帝(167～189년)시대 초기에는 30만 명 정도에 달했다고 추정되고, 上谷, 遼西, 遼東, 右北平에 難樓, 丘力居, 蘇僕延, 烏延이 각각 王으로 통치하고 있었다.

184년 黃巾의 亂 발발을 계기로 중국은 군웅할거의 상황을 드러내었는데, 長城 내부에 거주하고 있던 烏桓도 그 영향을 받았다. 烏桓이 주로 거주한 幽州의 牧(長官)은 宗室인 劉虞이었기 때문에 난리를 피하려는 漢族의 난민이 幽州로 유입하였지만, 군웅의 한 사람인 公孫瓚이 193년에 劉虞를 살해하였다. 또 199년에는 군웅의 한 사람인 袁紹가 公孫瓚을 살해하고 幽州를 지배하였다. 이 사이에 烏桓에서는 初平年間(190-193년)에 遼西王 丘力居가 사망하고, 조카인 蹋頓이 遼西, 右北平, 遼東 등 3郡의 烏桓을 통치하게 되어 3郡烏桓이라고 일컬었으며 袁紹와 결합하여 세력을 확대하였다. 그러나 200년에 官渡의 전투에서 袁紹가 曹操에게 패배하고 또 207년에는 蹋頓도 柳城(遼寧省 朝陽市)에서 살해되었기 때문에 烏桓은 괴멸 상태에 빠져 들었다. 이렇게 해서 曹操는 蹋頓 지배하의 烏桓族 20만 명을 획득하였고 군사들은 자신의 군단에 편입시켰다. 그들은 曹操의 지배 하에서 크게 활약하여 천하의 名騎로 일컬어졌다.

□ 鮮卑

鮮卑도 烏桓과 마찬가지로 東胡의 후예로 알려졌지만, 중국의 사료에 나타난 것은 烏桓보다 늦은 後漢 무렵부터이다. 이것은 鮮卑가 前漢 시대에는 烏桓의 북방 西拉木倫江 이북에 위치하고 있었기 때문이고 그들은 그 지역에서 유목과 수렵에 종사하고 있었다. 後漢 초기에 이르러 烏桓이 後漢 영역 안으로 이동하자, 鮮卑는 遼東(遼寧省 遼陽市)의 長城 부근까지 남하하였고 점차 중국 역사서에 등장하게 되었다. 鮮卑는 南匈奴 및 烏桓과 연대하여 중국을 침공하거나 반대로 後漢의 匈奴 대책으로 이용되었다. 1세기 후반에는 後漢과의 관계를 안정시키고 세력 확대를 도모했으며, 北匈奴가 서쪽으로 이동하자 匈奴의 옛 지역인 몽골 고원의 중부와 서부에도 진출하였다. 그 후 122년에는 현재의 山西省 북부에 해당하는 雁門, 定襄에서부터 山西省 중부의 太原에 이르기까지 침략하였다. 이 이후 2세기 전반에는 어떤 때는 後漢에 항복하였고 어떤 때는 後漢을 침공하였으며 南匈奴와 烏桓과도 연대하여 공격과 방어를 반복하였다.

2세기 중엽 檀石槐라는 우두머리가 출현하고 鮮卑는 전성기를 맞이하였다. 檀石槐는 북쪽은 丁零, 동쪽은 夫餘, 서쪽은 烏孫에 이르는 匈奴의 옛 지역을 획득하였고, 동서 1만 2,000여 里 남북 7,000여 里의 영역을 지배하고 王庭을 현재의 河北省 북쪽의 彈汗山 부근에 설치하였다. 그리고 156년 이후에는 "幽, 幷, 涼 3州의 緣邊 여러 郡은 鮮卑의 침략을 받지 않은 해가 없었고 살육과 약탈도 그 수를 헤아릴 수 없을 정도였다."(『後漢書』「鮮卑傳」)라고 기록된 것처럼, 매년 현재의 遼寧省에서부터 甘肅省에 이르는 後漢의 북쪽 변경에 침입하여 後漢 정부를 괴롭혔다. 檀石槐는 확대된 영역을 지배하기 위하여 鮮卑를 東部, 中部, 西部의 3部로 나누고, 각 部에는 복수의 大人(지도자)을 두어 부족을 통솔하는 집권 체제를 구축하였다.

그러나 鮮卑는 檀石槐의 사망(180년 경)과 함께 분열 시대를 맞이하였다. 後漢이 鮮卑의 大人들을 서로 견제하고 이간시키는 방책을 채택하여 효과를 보았으며 鮮卑의 後漢 침공은 거의 끝나게 되었다. 또 曹操가 鮮卑의 大人들 즉 步度根, 扶羅韓, 軻比能, 素利, 彌加, 厥機 등을 王으로 임명하고 회유한 결과 그들은 後漢에 貢獻을 바치게 되었다.

三國 시대 초기에 鮮卑의 여러 부락 중에서는 軻比能, 素利, 步度根이 각각 다스리는 3部의 세력이 맞버티고 있어서 서로 항쟁을 전개하였다. 그러나 머지않아 軻比能의 부락이 강성해져서 다른 2部에도 강력한 영향력을 미치게 되었으며, 또한 지배 하에 있던 漢族을 이용하면서 농경도 발전되었다. 軻比能은 蜀의 諸葛亮이 231년 4번째 북벌에서 祁山(甘肅省 礼縣)을 포위했을 때에는 諸葛亮과 연합해서 北地(陝西省 耀縣)까지 출병한 적도 있었다. 그러나 235년에 曹魏의 幽州刺史(曹魏와 西晉에서는 州의 장관은 刺史라고 하였지만 十六國의 대부분에서는 牧과 刺史가 같이 사용되었다.)이며 護烏桓校尉 王雄에게 살해되었다. 그 결과 鮮卑의 여러 부락은 다시 흩어지게 되었고 일부는 曹魏에 복속되었다. 그 후 3세

기 중기부터 후기에 이르러서도 鮮卑는 통일되지 않았는데, 遼西에는 宇文, 段, 慕容의 여러 부족이, 陰山 북부에는 拓跋部가 출현하였다. 또 禿髮, 乞伏, 吐谷渾 등 소위 西部鮮卑는 河西(甘肅省의 黃河 以西 지역), 隴西(甘肅省 동부의 渭水 상류와 洮水 유역) 방면으로 이동하였고 각 지역에는 소규모 부족이 산재하였다.

□ 羌

羌이라는 명칭은 甲骨(商代에 점을 칠 때 사용된 거북의 껍데기와 동물의 뼈)에서도 볼 수 있으므로 羌族은 중국의 역사와 함께 존재한 민족이라고 해도 과언이 아니다. 그들은 前漢 시대에는 甘肅省 동남부에서 현재의 四川省 북부 지방에 이르는 지역에서 유목을 위주로 농경에 종사하는 생활을 하고 있었다. 정치적으로는 先零, 燒當, 卑湳 등 많은 부락으로 나눠져서 연합과 분산을 반복하였으며 匈奴와도 연대하고 있었다.

前漢은 武帝 이후에 羌族과 匈奴와의 연대를 차단하는 것을 중심으로 하는 정책을 채택하였고, 반란할 때에는 무력 탄압으로 대처하였지만 한편으로는 군사적으로 이용하는 경우도 있었다. 後漢 시대에 光武帝에 의한 통일에 마지막까지 저항하고 있던 隴西의 괴뢰 정권과 蜀의 公孫述 정권이 타도되는 과정에서 그들에게 복종하고 있던 羌族이 기원 35년에 後漢에 복속되었기 때문에, 後漢 정부는 그들을 隴西, 天水, 扶風(甘肅省 동부에서 陝西省 서부까지) 방면으로 이주시켰다. 그 후에도 後漢 정부와 三輔(前漢의 수도 長安을 중심으로 하는 행정 구획의 총칭으로 京兆尹, 左馮翊, 右扶風이다.)의 豪族은 항복하거나 포로가 된 羌族을 關中(渭水 분지 일대) 뿐만 아니라 그 북방의 北地, 上郡, 西河(陝西省과 山西省) 등으로 분산 이주시켰다. 그 결과 羌族은 華北 각지에 산재하게 되었고 또한 농경민으로 변화되어 갔다. 그러나 내지에 거주했던 羌族은 107년 이후 여러 차례 반란을 일으켰고 그것은 해가 지남에 따라 대형화 또는 장기화되었으며 매년 後漢 정부를 괴롭히게 되었다. 또한 반란의 과정에서 항복한 羌族은 洛陽(河南省 洛陽市) 근처인 後漢의 중심부로까지 옮겨졌기 때문에 羌族의 거주 지역도 한층 더 확대되었다.

後漢 말기의 혼란 속에서 羌族은 漢族에 비해서 희생된 경우가 적었고 그로 인하여 曹操가 중국 북방을 통일했을 때에는 關中과 西北 지역에 있어서 羌族 인구의 비율은 상당히 상승해 있었다. 羌族은 용감하고 전투 능력이 우수하였기 때문에 曹操는 羌族을 군사력으로써 이용하였다. 또 蜀도 曹魏와의 항쟁 과정에서 羌族의 거주지를 획득하였고 역시 羌族을 군대로 편입시키는 등 군웅과 三國의 정권은 그들을 적극적으로 전투에 이용하였다.

□ 氐

氐族은 원래 현재의 甘肅省 동남부와 陝西省 서남부 및 四川省 북부에 거주하였고 羌族에 비해서 농경화가 빨랐으며, 前漢 시대에는 이미 농업을 중심으로 하는 경제로 이행하고 있었다. 氐族의 대부분은 前漢 武帝의 武都郡(甘肅省 成縣) 설치 등의 정책에 의해서 隴西, 南安, 天水, 略陽, 武都, 陰平 등의 渭水 상류 일대의 郡에 소속하게 되었다. 後漢 시대에 정부는 氐族에 대해서는 羌族에 대해 실행했던 것과 같은 대규모 정복과 강제 이주는 시행하지 않고 보호정책을 채택하였기 때문에 양자의 관계는 상대적으로 안정되었다.

그러나 後漢 말기에 이르러 주변의 여러 세력이 氐族을 인적 물적 보충으로 이용하기 위하여 쟁탈하면서 그들의 동요를 일으켰다. 즉 214년에 氐王 阿貴와 千萬은 군웅의 한 명인 馬超와 연합하여 曹操에게 대항하였다. 이것에 내해서 曹操는 夏侯淵에게 氐族을 정벌하게 하거나 혹은 강제 이주를 실행하였기 때문에 氐族은 關中과 天水 등으로 대량 유입되었다. 또 曹操가 漢中(陝西省 漢中市)을 중심으로 하는 종교 교단 五斗米道(張陵이 창립한 종교 교단으로 병 치료의 사례로 쌀 다섯 말(5斗)을 내놓게 한데서 유래함.)의 세력 하에 있던 氐族도 關中으로 옮겼기 때문에

氏族의 일부는 曹魏에 포함되게 되었다. 한편 蜀은 229년에 武都와 陰平을 점유하고 그 지역의 氏族을 정권 내부로 편입시켰다. 이와 같이 氏族은 曹魏와 蜀의 두 세력 사이에서 격심하게 동요하였다.

▫ 丁零

몽골 고원 북방을 거주지로 하는 투루크(Turk)계 유목 민족 丁零은 前漢 시대에는 匈奴의 지배 하에 있었지만 匈奴의 남북 분열 이후인 1세기 후반에는 몽골 고원의 북부로 이동하였다. 당시 鮮卑가 몽골 고원으로 진출하고 있었기 때문에 丁零의 그 이상 남하는 방해를 받았다. 鮮卑의 檀石槐가 사망한 이후에 혼란을 무릅쓰고 丁零은 다시 남하하여 長城 부근에까지 진출하였다. 그 후 212년 曹操의 孫權 공격에는 烏桓과 羌族 등과 함께 추가된 것처럼 중국 내지의 동향에 관여하게 되었고, 또 三國 시대에는 鮮卑에게 복종하면서 曹魏와도 교섭을 가졌으며 일부는 중국 내지에 거주하게 되었던 것이다.

▫ 夫餘, 高句麗

중국의 동북 변경에서는 夫餘와 高句麗의 활동이 활발하였다. 夫餘는 前漢 시대에 烏桓 동쪽의 제2 松花江 유역을 중심으로 하는 지역에서 농경 위주의 생활을 영위하고 있었다. 그 후 後漢 시대에는 玄菟(遼寧省 瀋陽市)에 복속되었지만 기원 후 2세기에는 樂浪(朝鮮 平壤市)과 玄菟를 침략하였다. 또 2세기 말에는 遼東에서 公孫氏(公孫度 이하 公孫康, 公孫恭, 公孫淵의 4대에 걸쳐서 遼東과 山東 반도의 일부에 사실상의 독립 정권을 세웠다.)가 독립하자 여기에 복속되었으며 다시 曹魏와 西晉에 종속되었다.

高句麗는 夫餘의 남방 鴨綠江 중류에서 기원전 2세기 말기부터 前漢의 郡縣 지배의 영향을 받으면서 농경 사회를 발전시켜 갔다. 기원 후 1세기가 되자 현재의 河北省 북부에 해당하는 右北平, 漁陽, 上谷과 太原

(山西省 太原市)에 이르기까지 침입하여 後漢 정부의 위협이 되었다. 또 公孫氏의 자립 시기에는 그들과 결합하여 세력을 확대하였다. 그러나 曹魏가 公孫氏를 멸망시키자 그 압력을 받기 시작하였고 244년에는 曹魏의 幽州刺史 毌丘儉의 원정에 의하여 수도 國內城(吉林省 集安市)이 함락되었으며, 그 민족의 일부는 滎陽(河南省 滎陽市)으로 옮겨지고 이후 曹魏와 西晉에 종속되었다.

〈도표 1〉 後漢~三國 시대의 민족 분포

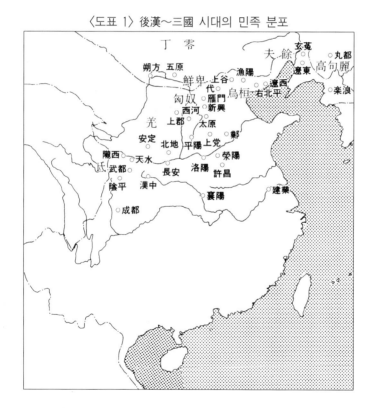

〈도표 2〉集　安

압록강 중류에 있고, 고구려의 유적이 많이 남아 있다.

제2절 중국 왕조의 소수 민족에 대한 대응

▫ 官爵의 수여

제1절에서 기술한 바와 같이 前漢 시대 이래로 중국 왕조와 주변의 여러 민족과의 관계는 상당히 밀접해졌다. 중국 왕조는 여러 가지 단계(level)로 중국 사회와 관계를 가지게 된 소수 민족을 어떻게든 자신의 질서와 체제에 거두어들이려고 모색하였으며, 그 첫 번째 방책이 그들에게 관작을 주어 황제의 지배 하에 편입시키는 것이었다. 즉 前漢에서는 황제의 德, 禮, 法의 침투 정도의 서로 다름을 기초로 신하를 內臣, 外臣, 客臣으로 구분하였다. 소수 민족에 대해서는 匈奴를 客臣으로 하고 그 밖의 많은 소수 민족은 外臣으로 하였다.

그리고 그들에 대해서는 세력의 강약에 따라서 國王, 王, 侯, 君, 長이라는 爵號와 印綬를 수여하였고, 또 경우에 따라서는 漢의 官爵制의 틀 안에서 각 민족 고유의 관작을 그대로 인정하여 印綬를 수여하기도 하였다. 印綬는 인장과 그것을 몸에 차기 위한 끈인데, 문서 행정을 수행하기 위해서 관료는 그 관직의 印(職印)을 수여받고 그것을 몸에 매달도록 되어 있었다. 前漢이 소수 민족에 대해서 印綬를 준 것은 前漢 왕조가 소수 민족을 前漢의 지배 체제하에 편입시키려고 했던 것을 나타내는 것이다. 또 前漢은 소수 민족의 중국 내지로의 이주가 진행되자 屬國이라는 소위 소수 민족 특별 행정구를 설치하여 그들을 관리하였으며, 또한 적대하는 다른 소수 민족에 대한 군사력으로써 이용하였다. 그 당시 前漢에 항복했던 君長과 屬國民에게는 마찬가지로 列侯와 關內侯 등의 작위를 수여하고 前漢의 질서 체계에 편입시켰던 것이다. 작위 중에는 率衆王과 言兵侯, 獻牛君 등 소수 민족을 대상으로 한 것도 있었지만, 복속의 정도가 강해지면 蠻夷降者와 歸義蠻夷 등 이러한 개념을 도입하여 점차 內臣으로의 이행도 도모하였다.

後漢부터 西晉 시대에 있어서 중국 왕조에 관계되는 커다란 문제는 소수 민족으로 匈奴, 烏桓, 鮮卑, 羌, 氐, 丁零, 夫餘, 高句麗 등의 여러 민족을 들 수 있다. 그들은 부족 사회를 형성하고 또 대다수는 목축을 실행하는 등 漢族과는 상당히 다른 사회를 형성하고 있었다. 그래서 소수 민족 문제가 심각해지면 중국 왕조에는 그것 보다 적합한 관리 방법이 요구되게 되었다. 後漢 시대에는 南匈奴의 북방에 있는 여러 郡으로의 진입과 西羌의 이주 등 이민족의 거주 범위가 현격하게 넓어져서, 前漢 시대와 같은 內臣과 外臣의 구별을 기준으로 하는 관리가 곤란해졌던 것이다.

이러한 사태에 직면하여 현실적인 대처가 절박한 後漢 정부는 우선 작위를 정비하였다. 『續漢書』「百官志」에는 "四夷의 國王, 率衆王, 歸義侯, 邑君, 邑長 등 모든 丞이 있는 곳은 郡縣과 다름없다."라고 기록되어 있다. 즉 後漢 정부는 주변 소수 민족에 대해서 四夷國王, 率衆王, 歸義侯, 邑君, 邑長 등의 지위를 부여하고, 漢의 郡과 縣의 장관과 동격인 권한이 부여되었던 것이다. 이것은 三國 시대와 西晉에도 계승되었으며 그 실상은 『後漢書』, 『三國志』, 『晉書』의 기재와 출토된 印章에서도 확인할 수가 있었다. 그것들에 의하면 王, 侯, 君, 長 등 이외에 王과 侯, 邑侯, 邑君, 邑長, 君長, 仟長, 佰長 등과 그밖에 率衆, 率善, 歸義, 守善, 親 등의 美稱을 붙이는 형식의 칭호가 있었던 것을 알 수 있었다. 즉 率衆王과 率善邑長, 歸義仟長 등이 그렇다.

작위 수여에는 印綬의 수여가 따른다. 印은 國王과 王은 金印, 侯는 鍍金印, 君은 銀印, 長은 銅印이었고; 金印에는 보라색, 銀印에는 파란색, 銅印에는 검은색이나 노란색의 인끈이 달려 있었으며 鍍金印에는 아마도 파란색의 끈이 달려 있었을 것이다. 그런데 출토된 유물의 사례에서 확인할 수 있는 官印 수여의 실태는 王이라도 鍍金印이나 銀印이 있으며 侯와 長이라도 金印인 경우도 있었다. 즉 중국 왕조는 각 민족 내에서의 질서와 중국 왕조에서의 질서를 조정하면서도 어떤 경우에는 원칙을 변경하면서까지 각 민족을 중국 측 질서에 재편하려고 했던 것으로, 해당 소수 민족에 대한 유연하고 신경질적인 대응을 알아볼 수 있었다.

〈도표 3〉 중국 왕조에서 소수 민족에게 수여한 관인

오른쪽은 前漢의 漢匈奴破虜長 관인이고, 왼쪽은 西晉의 晉歸義氐王 관인이다.(上海博物館圖錄, 『中國歷代璽印館』 所收)

중국 왕조는 또한 작위와는 별도로 大都護, 大都尉, 都尉, 司馬 등의 관직도 수여하였다. 이것들은 주로 무관이고 각 민족과 지역의 중심인물로 중국 왕조에 대한 공헌도가 큰 자에게 수여되었다. 중국 측은 특정 인물에게는 각 민족과 지역에 있어서 일정한 군사권을 승인함과 동시에 자신의 통치 체제에 편입시키려는 것을 의도하였다.

□ 異民族 統御官

중국 왕조가 소수 민족에 보다 적극적으로 대응하기 위해서 설치한 기관이 소위 異民族 統御官이다. 이것은 민족 명칭을 붙이는 校尉, 中郞將을 일괄해서 나타낸 말이며 임시로 저자가 붙인 명칭이다. 그 밖에 度遼將軍을 합쳐서 異民族 統治官 이라는가 持節領護官, 四夷統御官이라고 부르는 연구자도 있다.

異民族 統御官은 前漢 武帝 시대부터 등장하였다. 『後漢書』 「烏桓傳」에 의하면 武帝 때에 護烏桓校尉가 처음으로 설치되었지만, 그 후에는 『史記』와 『漢書』에도 기록이 없기 때문에 곧 폐지되었다고 여겨진다. 그러나

護烏桓校尉는 기원 후 49년에 다시 설치된 이후에 계속 존속되었다. 그 직무는 귀의한 烏桓을 거느림과 동시에 鮮卑에 대하여 상을 주거나(賞賜), 인질(質子), 무역(互市) 등을 통괄하는 것이었다. 그러나 鮮卑의 이름을 붙이는 異民族 統御官은 2세기 후반까지 출현하지 않았으므로 後漢 초기에 鮮卑는 아직 烏桓에 부속되어 있는 것으로 인식되었던 것이다.

匈奴에 관한 異民族 統御官은 우선 匈奴에 使臣으로 간 中郞將으로써 출현하였다. 『漢書』「匈奴傳」에는 前漢 말기에 匈奴에 파견된 中郞將을 여러 번 볼 수 있다. 이것이 後漢에서는 使匈奴中郞將으로써 제도화되었고, 기원 50년에 段郴이 처음으로 使匈奴中郞將으로 임명되었다. 또 後漢 후기가 되면 護匈奴中郞將도 설치하게 되지만 後漢 시대에서는 임시 관직으로 남게 되었다.

護羌校尉는 前漢 시대부터 설치되었지만 『後漢書』「西羌傳」을 보면 계속 존속되지는 않았다. 後漢 시대인 기원 33년에 羌族을 통치하기 위해서 설치하였지만 이것은 그 다음 해에 폐지되었고 상설화되게 된 것은 76년부터이다.

그 밖에 기원 65년에 설치된 度遼將軍은 匈奴, 烏桓, 鮮卑 등의 빈번한 반란 때문에 남북 匈奴를 억압하고 양자의 통교를 저지하기 위해서 설치한 장군이므로, 민족 명칭은 붙어있지 않지만 異民族 統御官에 해당하는 관직으로 간주해도 좋을 것이다. 이상과 같이 1세기 중엽에는 度遼將軍도 포함해서 각 종류의 異民族 統御官이 설치되었다. 즉 異民族 統御官의 제도적인 시작 시기는 여기에서 구할 수 있을 것이다. 그리고 그것은 이 시기에 민족 문제가 중국 왕조의 국내 문제로써 부상한 것으로, 즉 五胡十六國 시대로 이어지는 사회 상황이 시작된 것을 시사하고 있는 것이다.

後漢 말기에 曹操는 烏桓 원정을 기회로 閻柔와 牽招를 烏桓校尉로 임명하였는데 이것은 曹魏 건국 이후에도 계승되었다. 또한 護羌校尉도 마찬가지로 曹魏에 계승되었다. 三國 시대에는 使匈奴中郞將은 모습을 감추었고, 後漢 시대에 임시 관직이었던 護匈奴中郞將이 상설되게 되었

으며 덧붙여 護鮮卑校尉도 설치하였다. 또한 이 시기에 州의 刺史가 異民族 統御官을 겸임하는 예도 볼 수 있었다. 228년에 幽州刺史인 王雄이 護烏桓校尉를 겸임한 것이 그 시작이고, 또 護匈奴中郎將은 幷州刺史를 겸임하고 護羌校尉는 涼州刺史를 겸임하였다. 이것은 刺史의 권한 증대와 관계가 있지만 당초 소수 민족으로 파견하는 使臣 혹은 귀의한 소수 민족을 관리하기 위해서 설치한 異民族 統御官이 소수 민족과 漢族이 잡거하면서 漢族을 관리하는 지방 장관인 刺史와 직무가 서로 겹친 것에 기인한다고 생각되었다.

그 후 西晉 시대에 이르러 보다 많은 異民族 統御官이 설치되게 되었다. 『晉書』 「職官志」에 이르기를..

> 護羌, 夷, 蠻 등 校尉.
> 晉의 武帝는 南蠻校尉를 襄陽에 西戎校尉를 長安에 南夷校尉를 寧州에 두었다. 惠帝 元康 연간에 護羌校尉는 涼州刺史를 西戎校尉는 雍州刺史를 南蠻校尉는 荊州刺史를 겸임하게 되었다. 東晉 시대 초기에는 南蠻校尉를 폐지했지만 머지않아 그것을 江陵에 설치하였고 또 南蠻校尉는 鎮蠻校尉라고 개칭하였다. 安帝 시기에는 襄陽에 寧蠻校尉를 두었다.
> 護匈奴, 羌, 戎, 蠻, 夷, 越中郎將.
> 武帝는 羌, 戎, 蠻, 夷의 4中郎將을 두었는데, 이들은 刺史를 겸임하면서 節(兵符)을 소유하였다. 武帝는 또 平越中郎將을 廣州에 두고 주로 南越을 보호 감독하게 하였다.

라고 하여 南蠻校尉 이하 많은 異民族 統御官이 설치된 것을 알 수 있다. 西晉 시대에 신설된 것으로 실제 사례로 확인할 수 있는 것에는 이 외에 西夷校尉와 東夷校尉가 있으므로 西晉 초기에는 異民族 統御官의 종류가 비약적으로 증가되었고, 또 州의 刺史와의 겸임도 제도화되어서 소수 민족 대책에는 중요한 역할을 수행하고 있었던 것이다.

▫ 徙戎

소수 민족의 중국 內地 거주가 더욱 진전되고 漢族과의 사이에 여러 가지 마찰이 생기게 되자, 중국 왕조는 다시 새로운 방책을 모색하게 되었다. 西晉의 侍御史 郭欽은 280년에 소수 민족 문제에 대해서 文帝에 상소를 올렸다. 『晉書』「北狄匈奴傳」에는 다음과 같이 기술되어 있다.

> 戎狄(이민족을 말하며 戎은 서방 狄은 북방의 이민족을 가리킨다.)은 강하고 몹시 난폭하여 고대부터 근심을 끼쳐 왔습니다. 曹魏 초기에는 인구가 적었기 때문에 서북의 여러 郡은 戎族의 거주지가 되었습니다. 지금 그들은 복종하고 있습니다만 만약 100년 후에 전쟁이 일어난다면 胡族(匈奴)의 騎兵은 平陽과 上黨으로부터 3일도 걸리지 않아서 孟津으로 올 수 있고 北地, 西河, 太原, 馮翊, 安定, 上郡은 모두 北狄의 지역이 될 것입니다. 吳를 멸망시킨 위력을 계승하고 智謀있는 신하와 용맹한 장군의 경략으로 北地, 西河, 安定으로 출격하고 上郡을 회복하며 馮翊을 충실하게 하고 平陽 이북의 諸縣에서 사형수를 모집하고 三河, 三魏의 병사 4만 家를 강제로 이주하여 이것에 충당해야만 합니다. 그리고 戎族이 中華를 어지럽히지 못하도록 平陽, 弘農, 魏郡, 京兆, 上黨의 雜胡를 점차 밖으로 옮기고 四夷(사방의 소수 민족)의 출입과 방비를 엄하게 하는 것이 先王의 荒服(舜 시기에 나뉘어졌다고 여겨진 五服 중에서 가장 먼 지역)제도를 명백하게 하는 萬世의 계책입니다.

즉 郭欽은 山西의 匈奴는 西晉의 중심부에 가깝고 위험하며 일단 일이 생기면 關中 북방도 완전히 匈奴의 토지가 될 위험성이 높으므로 지금 그것을 확보하고, 또 洛陽 주변에 거주하는 소수 민족도 영역 밖으로 옮겨야만 한다고 주장했던 것이다. 그러나 武帝는 이것을 채택하지 않았다. 그 때부터 20년 정도 이후인 299년 關隴 지역(陝西省부터 甘肅省 동부)에 대혼란을 일으킨 氐族 齊萬年의 반란이 가까스로 진압되었을 때, 山陰 縣令이었던 江統은 「徙戎論」이라는 글을 저술하였다. 「徙戎論」은 『晉書』「江統傳」에 기재되어 있으며 내용은 대략 다음과 같다.

> 氐族과 羌族은 關中의 인구 100여만 명의 절반을 차지하였고, 또 匈奴는

幷州에 그리고 滎陽에는 句麗族(高句麗)이 점차 그 수를 늘리고 있다. 그들은 호전적이고 또 漢族과 풍속 습관이 다르기 때문에 섞여 사는 것은 사회 불안을 일으키고 머지않아 무서운 화근이 될 것이다. 그것을 방지하기 위해서는 각각의 민족을 그들의 원거주지로 돌아가게 해야 한다. 즉 羌族은 馮翊, 北地, 新平, 安定에서 先零, 罕幵, 析支의 지역으로, 또 氐族은 扶風, 始平, 京兆에서 隴右의 陰平, 武都로 이주시켜야만 한다.

그러나 이 때도 惠帝는 江統의 계책을 채택하지 않았다. 그런데 그로부터 10년도 지나지 않아서 예상대로 여러 민족의 반란은 격화되었고 사람들은 그의 선견지명을 느끼기 시작했지만 때는 이미 늦었으며, 西晉은 여러 민족의 자립 속에서 멸망에의 길로 나아가고 있었다.

郭欽과 江統의 주장은 소수 민족을 중국 내지에서 원래 거주지로 강제 이주시킴으로써 중국 사회의 안정화를 꾀하려는 것으로 「徙戎策」이라고 일컬었다. 그것은 역대 왕조가 그때그때의 상황에 따라 전개했던 것으로, 관작의 수여와 소수 민족 전문의 관료에 의한 관리로는 사회의 안정을 유지할 수 없게 되었기 때문에 새롭게 고안한 소수 민족 대책이었다. 그것은 민족 분리 정책으로 사회 불안의 요인을 근본에서부터 제거하려고 하는 것이었지만, 그러나 수십 만 명의 소수 민족을 강제 이주시키는 것만의 여력도 西晉 왕조에는 남아있지 않았던 것이다. 「徙戎策」은 西晉 시대에는 결국 실행되지 못했고 소수 민족의 중국 내지로의 이주가 진행되었다. 그 결과 五胡十六國 시대가 도래 하였다.

제2장

五胡란 무엇이고 十六國이란 무엇인가

第1절 『晉書』와 『魏書』, 『十六國春秋』

　　五胡十六國 시대를 생각할 때 가장 중요한 사료는 『晉書』와 『魏書』 그리고 『十六國春秋』이다. 그러나 이들 역사서에 상당히 수상한 점이 있다. 소위 五胡十六國에 대한 인식에 있어서 이 역사서들 간에도 실제로 큰 차이가 존재하여 읽는 사람을 혼란시키고 있다. 우선 각각 역사서의 구성과 성격을 확인해보자.

▫ 『晉書』

　　『晉書』는 唐의 房玄齡(578~648년) 등이 황제의 칙령을 받아 편찬한 것으로, 本紀 10권, 志 20권, 列傳 70권, 載記 30권의 전부 130권으로 이루어졌다. 그러나 晉에 대한 역사서로써는 이것 이전에 이미 수십 종류가 만들어졌고, 현행 『晉書』 편찬 당시에는 王隱, 臧榮緒 등의 이른바 「十八家晉書」를 시작으로 20여 종류의 『晉書』가 존재하고 있었다. 그러나 唐 太宗은 646년 윤3월 4일 조서를 내려서 새로운 『晉書』를 편찬하게 하였다. 작업은 당시 재상인 房玄齡 등 3명이 감수하고 그 아래에 18명의 사관을 두어 분담해서 실행되었다. 房玄齡 등은 臧榮緒의 『晉書』를 저본으로 하고 다른 역사서를 참고로 하여 편찬을 실행하였으며, 2년 후인 648년에 완성하였지만 그 다음 해에 太宗이 승하하였다. 이와 같이 현행 『晉書』는 太宗의 가장 말년의 단기간에 몹시 서둘러서 편찬된 것이지만, 거기에는 皇太子 李治(후의 高宗)와 唐 왕조가 가는 마지막을 염려한 太宗의 의향이 강하게 반영되어 있다는 것을 엿볼 수 있다. 즉 『晉書』는 현실의 정치 상황을 염두에 두고 편찬된 것이며, 五胡十六國의 문제에 관해서도 太宗 당시의 주변 민족에 대한 정책과 연결하여 기술하였던 것이다.

『晉書』130권 중에서 마지막 30권은 「載記」라고 하여 十六國 대부분 나라의 역사가 기록되어 있다. 「載記」라는 명칭은 後漢의 班固가 『東觀漢記』를 편찬했을 때에 新의 王莽 말년에 독립 세력으로 활동했던 平林과 新市의 반란 집단과 公孫述의 기록을 「載記」에 기록한 것에서 유래하였다. 그러나 정사에서 「載記」라는 명칭을 사용한 것은 『晉書』뿐이다. 현행 『晉書』의 저본이 되었던 臧榮緖의 『晉書』에는 「載記」가 아닌 「錄」이라는 명칭이 사용되었기 때문에 「載記」의 사용은 房玄齡 등의 판단일 것이다. 또 『晉書』에는 「載記」 이외의 열전 부분에 十六國 중에서 두 나라의 기록이 수록되어 있다.

▫ 『魏書』

『魏書』는 北魏 왕조에 관한 정사로 本紀 14권, 列傳 96권, 志 20권의 전부 130권으로 구성되어 있다. 편자는 北齊의 魏收(505~572년)이고, 本紀와 列傳은 554년 3월에 志는 같은 해 11월에 완성되었다. 魏收는 北魏 말기부터 사관으로써 國史와 起居注(황제 언행의 기록)의 편찬에 종사하였으며, 552년에는 北齊 文宣帝의 명령으로 『魏史』의 편찬에 종사하였다. 『魏書』는 완성 직후부터 개인적인 감정이 내포된 서술로 그 공정성을 의심 받았고, 역사를 더럽혔다는 穢史로 일컬어질 정도로 여러 번 수정이 이루어졌다. 또 北齊 왕조에 의해 편찬되었기 때문에 東魏를 정통으로 하고 대립하는 西魏를 인정하지 않는 문제점도 있었다.

이후 北宋 시대에 이르러 劉放이 교정했을 때에 30권 정도의 망실이 인정되었고 그 부분은 『北史』에서 보충되었다. 이것이 현행의 『魏書』이다. 『魏書』에는 十六國의 기록이 권95, 96, 97, 99의 합계 4권으로 정리되어 있지만 이것들은 『北史』에서부터 보충 수정된 것이 아니라 魏收 자신의 서술인 것이다.

□『十六國春秋』

『晉書』와 『魏書』의 十六國 관계의 서술 재료가 되었던 것이 『十六國春秋』이다. 이 책은 北魏 말기의 사관 崔鴻(?~525년)의 저술로 전부 100권으로 이루어졌고 6세기 초기에 완성되었다. 『魏書』「崔鴻傳」에 이르기를..

> 鴻은 스무 살이 되자 저술의 뜻이 있었다. 그러나 晉과 曹魏 이전의 역사는 모두 학파를 이룰 정도로 완성되었기 때문에 거기에 뜻을 두지는 않았다. 그러나 劉淵, 石勒, 慕容儁, 苻健, 慕容垂, 姚萇, 慕容德, 赫連屈子, 張軌, 李雄, 呂光, 乞伏國仁, 禿髮烏孤, 李暠, 沮渠蒙遜, 馮跋 등은 나란히 세상 상황에 따라 각 지역에서 권력을 가지고 國書도 소유했지만 통일되지는 않았다. 그래서 鴻은 『十六國春秋』를 편찬했던 것이다. 전부 100권으로 옛날 기록에 의해 첨가하거나 삭제하거나 褒貶한 부분도 있었다.

라고 기록되어 있다. 즉 崔鴻은 6세기 초기까지의 역사에 대해서 저서를 쓰고 싶다고 생각하여 十六國에 주목하였다. 崔鴻 이전에 十六國은 중국 역대 왕조를 본받아서 이미 각각의 國史를 편찬하고 있었지만, 여러 國史 상호간에 통일이 되지 않았기 때문에 崔鴻은 그것을 모아서 정리하였고 일관된 체계로 집대성하여 『十六國春秋』를 저술했던 것이다. 이 책은 崔鴻의 생존 시기에는 공표되지 않았고 그가 사망한 이후 수년을 지난 永安年間(528~530년)에 아들 崔子元에 의해 황제에게 바쳐졌다. 그러나 그것은 北宋 시대에 망실되었고 현재는 『太平御覽』과 『北堂書鈔』 등의 類書(經, 史, 子, 集의 광범위에 걸쳐서 다수의 사항을 분류 편찬한 것)를 중심으로 한 여러 서적에 망실된 기록이 남아있는 것뿐이다.

　『隋書』「經籍志」에는 『十六國春秋』에 이어서 『纂錄』 10권의 책을 볼 수 있는데 그 뒤의 경과는 명확하지 않다. 그러나 『廣漢魏叢書』에 『十六國春秋』 16권이 있고 淸代에 湯球(1804~1881년)라는 인물이 이것을 「纂錄」이라고 간주하고 『十六國春秋纂錄校本』 10권을 만들었다. 그는 더 나아가 여러 책에서 망실된 부분을 모으고 『晉書』「載記」 등에서 보충하여 『十六國春秋輯補』 100권과 「年表」 1권을 편찬하였다. 湯球의 『十六國春秋輯補』가 崔鴻의 『十六國春秋』를 어디까지 복원했는가라는 문제도 있지만 이용 가치는 높다. 다만 湯球가 수집할 수 없었던 『十六國春秋』의 망실된 부분이 아직 존재할 가능성도 있어 한층 검토가 요구되고 있다.

　이상과 같은 서적이 五胡十六國을 생각할 때에 중요한 사료가 되는 것이지만, 각 책에는 이 시기의 소수 민족과 그들이 건설한 국가에 대한 인식에 커다란 차이가 존재하였고 그것이 문제인 것이다.

제2절 五. 胡

▫ 숫자와 소수 민족

五胡라는 말은 5종류의 소수 민족을 의미하고, 3~5세기에 북방과 서방으로부터 중국으로 이주했던 匈奴, 羯, 鮮卑, 氐, 羌을 가리킨다는 것은 거의 상식이 되어 있다. 그러나 이 시기에 활동한 소수 민족에는 그 밖에도 丁零, 烏桓과 夫餘, 高句麗가 있고 巴, 蠻, 獠, 胡 등으로 불리는 사람들도 있었다. 또한 匈奴와 羯族의 관계와 匈奴와 盧水胡의 관계를 파악하는 방법은 일정하지 않으며 더욱이 成漢을 건국했던 민족은 氐, 賨 혹은 巴, 巴氐 등 이라고 한 것도 있다. 五胡라는 명칭은 숫자라는 관점에서는 당시 華北의 민족 상황을 나타내는 말로써 정확하지는 않은 것이다.

숫자에 소수 민족을 의미하는 문자를 덧붙여 숙어를 만드는 것은 이미 戰國 시대부터 前漢 시대에 이르러 성립되었다고 여겨지는 經書(유교의 경전)에서도 볼 수 있다. 예를 들면 『周禮』「夏官職方氏」에 이르기를..

> 職方氏의 천하를 장악한 형식은 천하의 땅을 장악했다는 것으로 그의 邦國, 都鄙, 四夷, 八蠻, 七閩, 九貉, 五戎, 六狄의 백성을 분별하는 것이다.

라고 되어 있고, 『禮記』「明堂位」에 이르기를..

> 九夷 나라의 군주는 東門 밖에서 서쪽을 향해서 서고 북쪽을 上位로 하였다. 八蠻 나라의 군주는 南門 밖에서 북쪽을 향해서 서고 동쪽을 上位로 하였다. 六戎 나라의 군주는 西門 밖에서 동쪽을 향해서 서고 남쪽을 上位로 하였다. 五狄 나라의 군주는 北門 밖에서 남쪽을 향해서 서고 동쪽을 上位로 하였다.

라고 되어 있으며, 또 『爾雅』「釋地」에 이르기를..

　　　九夷, 八狄, 七戎, 六蠻 이것을 四海라고 일컫는다.

라고 기록되어 있다. 이와 같이 經書에는 숫자와 소수 민족의 편성 사례가 수없이 많으며 이 밖의 예도 아울러 정리해 보면

　　　三夷, 四夷, 五戎(五狄), 六戎(六狄, 六蠻), 七戎(七閩), 八狄(八蠻),
　九夷(九戎, 九貉), 百蠻

과 같이 된다. 그러나 한번 보고 알 수 있듯이 그 조합은 예를 들어 狄에는 五, 六, 八이 붙어 있고, 蠻에는 六, 八, 百이 붙어 있는 등 다양한 변화가 존재하였다. 즉 戎의 종류는 5종류라고도 6종류라고도 7종류라고도 말할 수 있고, 또 夷의 종류도 3이라고도 4라고도 9라고도 된 것이 있다. 그러나 그 5나 6이 구체적으로 무엇인지는 명시되지 않았다. 요컨대 숫자에 구체적인 의미는 없는 것이다.

　　그러면 『史記』와 『漢書』 같은 중국 정사에서는 어떻게 되어 있을까? 「載記」를 기록한 현행 『晉書』가 편찬된 唐代까지 성립된 역대 정사에는 『史記』와 『漢書』 이 외에 『後漢書』, 『三國志』, 『晉書』, 『宋書』, 『南齊書』, 『梁書』, 『晉書』, 『魏書』, 『北齊書』, 『周書』, 『隋書』, 『南史』, 『北史』가 있으며 이들 정사에는 더 많은 숫자와 민족 명칭의 조합이 등장하였다. 먼저 經書에 보이는 조합도 아울러 정리하면 〈도표 4〉와 같이 된다.

　　이 표에서 알 수 있듯이 正史에는 經書에 보였던 사례인 三夷 이 외에는 전부 존재하고, 게다가 三胡, 四戎, 四貉, 五胡, 六夷, 七狄, 八夷, 八戎, 百戎이 새롭게 출현하였던 것이다.

〈도표 4〉 經書와 正史(『史記』~『隋書』)에 있어서 숫자와 민족 명칭의 조합

구분	夷	胡	戎	狄	貉	蠻	閩
三	△	○					
四	△○			○	○		
五		○	△○	△○			
六	○		△○	△○		△○	
七			△○	○			△○
八	○		○	△○		△○	
九	△○		△○		△○		
百			○			△○	

범례 △ : 經書에 보이는 숫자와 민족 명칭의 조합
　　 ○ : 正史에 보이는 숫자와 민족 명칭의 조합

또 『資治通鑑』에는 이 외에 九蠻이 추가되었다. 이 안에는 앞에서 서술한 『周禮』「職方氏」등 經書의 문장 인용과 九夷八狄, 七戎六蠻 등 經書의 말을 인용하여 이민족을 수사적으로 표현했던 것도 있다. 이것들을 포함해서 정사에서 현저하게 사용 사례가 많은 것은 四夷, 五胡, 六夷, 九夷, 百蠻이지만 四夷, 九夷, 百蠻은 經書에 모두 보이는 관용적인 용법이다. 따라서 문제가 되는 것은 五胡와 六夷이다. 즉 六夷는 『後漢書』「南蠻西南夷列傳」에 있는 六夷, 七羌, 九氐를 빼면 『晉書』 이후의 용어이고 또한 五胡는 예외 없이 『晉書』 이후의 용어이다. 五胡와 六夷의 두 용어는 晉代에서 새롭게 사용되게 된 용어인 것이다.

▫ 五胡의 출현

五胡라는 말이 사용된 가장 오래된 예는 『晉書』「后妃傳下康獻褚皇后」에 있는 褚皇太后의 조칙 중의 "五胡가 반역하고 있다."이고, 이것은 아마도 350년경의 기록일 것이다. 『晉書』 보다도 성립 년대가 빠른 『魏書』에서는 「天象志一之三」에 皇始元年(396년) 6월의 일로써 五胡가 등장한다. 즉 五胡라는 말은 4세기 중기부터 등장했다고 생각할 수 있다. 그리고 5세기가 되자 제법 일반화되었고, 『晉書』「李玄盛傳」에 405년의 일

로 "五胡가 참칭하여 계승하였다."라고 하여 五胡 여러 나라의 건국을 나타내고 있는 것을 시작으로 하여, 『宋書』「謝靈運傳」의 420년대 초의 謝靈運의 上書와 『宋書』「索虜傳」의 使臣 曰에도 五胡가 등장하므로 6세기까지에는 강남도 포함해서 일정한 명칭으로써 보급되고 있었다고 이해할 수 있다.

한편 六夷는 『後漢書』「南蠻西南夷列傳」의 冉駹의 條에 "그 산에 六夷, 七羌, 九氐가 있고 각각 부락을 거느렸다."라고 기록된 것이 처음이지만 이것은 수량적인 수사법이라고 말할 수 있다. 빈번히 출현한 것은 『晉書』이고 그 맨 처음은 「天文志下」에 있는 永寧元年(302년)의 "二帝가 유랑하고 드디어 六夷가 번갈아 왕이 되어 華夏를 침범하여 차지하기에 이르렀다."라고 하는 기록이다. 이것은 302년의 천체 현상에 의거하여 西晉의 懷帝와 愍帝가 前趙에 사로잡히고 六夷의 활동이 활발해질 것을 예언하고 있는 것이며, 六夷는 漢族에 대한 소수 민족이고 게다가 중국 내에 거주하는 사람들을 가리키는 것이다. 그러나 같은 사건을 『隋書』「地理志上」은 "五胡가 반역하여 난리를 일으키자 二帝가 도성을 떠나 난리를 피했다."라고 기록하고 있는데 五胡와 六夷는 혼용하는 경우도 있었다는 것이다.

▫ 五胡의 구체화

南北朝 시대 이후에는 일부에서 민족명에 딸린 숫자가 나타내는 것을 해석하려고 하는 움직임도 나왔다. 예를 들면 南朝 宋代에 성립된 『後漢書』「東夷列傳」에 "夷에는 9종류가 있고 그것은 畎夷, 于夷, 方夷, 黃夷, 白夷, 赤夷, 玄夷, 風夷, 陽夷이다."라고 하고 九夷를 9종류의 夷라고 하였다. 또 『史記』「趙世家」에는 趙의 武靈王이 유목민의 복장과 전술 즉 胡服騎射를 채용할 때의 것으로, "의복을 변화시키고 말 타고 활 쏘는 군사를 위주로 해서 燕, 三胡, 秦, 韓의 변경에 배치하였다."라고 기재되어 있는데, 이 三胡에 대해서 唐代에 성립된 『索隱』(司馬貞의 註釋)

에서는 "三胡는 林胡, 樓煩, 東胡이다."라고 하였다. 그러나 이러한 움직임은 아직 소수파이고 대부분은 숫자의 의미는 묻지 않고 사용하고 있는 것이다. 반대로 『晉書』「劉曜載記」에서는 소위 五胡에 상당하는 胡, 羯, 鮮卑, 氐, 羌을 五胡라고 하지 않고 민족명을 열거하는데 고정되어 있으며 五胡의 특별한 지정에는 이르지 않았던 것이다.

五胡가 가리키는 구체적 민족에 대해서 川本芳昭는 『晉書』「苻堅載記下」에 있는 前秦의 苻堅이 後秦의 姚萇에게 양위를 재촉당할 때에 말한 "五胡의 순서에 너희 羌族의 이름은 없다."에서처럼 통설과는 달리 이 때의 五胡에 羌族은 포함되지 않았다고 하였다. 이 말이 시작된 것은 苻堅이 姚萇에게 유폐되어 '傳國의 璽'를 구하게 되었을 때부터 385년까지의 일이다. 그리고 川本芳昭는 五胡의 민족이 정착한 것은 姚萇이 後秦 왕조를 세운 뒤라고 하면서 『魏書』「崔鴻傳」의 崔鴻이 『十六國春秋』를 편찬했을 때의 사료에 기초하여 6세기 전반 단계에 五胡는 匈奴, 羯, 鮮卑, 氐, 羌이라는 형식이 성립한 것이라고 하였다.

그러나 앞에서 본 것처럼 숫자+민족명의 용법에서는 숫자에 구체적인 수를 대응시키는 것은 오히려 예외이고, 六夷와의 通用性으로부터 살펴봐도 五라는 숫자는 문제로 삼지 않아도 좋지 않을까? 五胡는 六夷와 함께 3~5세기에 활동한 소수 민족을 총칭하는 말로 파악하고 싶다. 五胡와 六夷의 사이에는 五胡쪽이 비교적 군사력과 정치 세력을 나타내는 경우에 사용되는 것에 반해서, 六夷는 비교적 일반적인 의미의 소수 민족을 나타내는 차이가 있지만 아마도 본질적인 차이는 없다고 여겨진다. 다만 이 시기 소수 민족의 움직임이 그 이전보다도 활발해졌기 때문에 그때까지의 四夷 혹은 八蠻 등에는 없는 새로운 표현이 필요하게 된 결과로 이러한 말들이 사용되게 된 것이다. 마침 蕃이라는 표현이 唐代에 출현한 것과 같은 현상이다.

그 후 宋代에 이르러 민족명에 붙는 숫자의 구체적인 의미를 추구하는 경향이 현저하게 되었다. 『爾雅』「釋地」의 邢昺(932~1010년)의 疏에서는 九夷와 八蠻의 민족을 설명하였고 胡三省(1230~1302년)은『資治通鑑』의 注에서 六夷와 五胡의 해석을 실행하였으며, 五胡에 대해서는 "胡, 羯, 鮮卑, 氐, 羌"이라고 하였다. 또 胡三省과 같은 시대인 王應麟(1213~1296년)은『小學紺珠』「地理類」의 五胡의 항목에서 "劉淵匈奴, 石勒羯, 慕容皝鮮卑, 苻洪氐, 姚萇羌"이라고 규정하였다. 즉 五胡는 匈奴, 羯, 鮮卑, 氐, 羌이라는 등식이 정착해 온 것은 13세기경부터 일 가능성이 높은 것이다. 그래서 본서에서는 匈奴, 羯, 鮮卑, 氐, 羌뿐만 아니라 3~5세기에 華北에서 활동했던 소수 민족 전체를 총칭하는 말로써 五胡를 사용한 것이다.

제3절 十六國

▫『晉書』「載記」 첫머리에 기록된 여러 나라

4세기부터 5세기에 있어서 華北의 소수 민족 정권이 할거한 시대를 일본에서는 보통 五胡十六國 시대라고 일컫는다. 또 중국에서는 十六國 시기라고 말하는 것이 일반적이다. 그리고 그 16개 나라는 成漢, 前趙, 後趙, 前燕, 前涼, 前秦, 後秦, 西秦, 後燕, 南燕, 北燕, 夏, 後涼, 南涼, 北涼, 西涼이라고 여겼다. 이와 같이 당시의 華北에는 16개 국가가 있었던 것이 분명한 것처럼 이해되고 있었다. 그러나 당시 세워진 국가는 그 밖에도 冉魏와 西燕, 仇池의 楊氏에 의한 前仇池와 後仇池, 翟遼의 魏 등이 있어서 16도 결코 정확한 숫자를 나타내지 않는다.

사실은『晉書』등 몇 개의 사서 가운데에는 이 시기에 건국된 여러 나라에 대해서 커다란 인식의 차이가 존재하는 것이다. 먼저『晉書』「載記」인데 그 첫머리에는 「載記」 전체 30권의 序文에 다음과 같이 기록되어 있다.

> 대략 劉元海(劉淵)는 惠帝의 永興元年(304년)에 離石에 의거하여 漢이라 일컬었다. 그 후 9년에는 石勒이 襄國에 의거하여 趙라 일컬었다. 張氏는 먼저 河西에 의거하고 있었지만 石勒보다 36년 후에 重華가 涼王을 일컬었다. 그 후 1년에 冉閔이 鄴에 의거하여 魏라 일컬었다. 그 후 1년에 苻健이 長安에 의거하여 秦이라 일컬었다. 慕容氏는 먼저 遼東에서 燕이라 일컫고 있었지만 苻健보다 1년 후에 儁이 처음으로 燕皇帝를 일컬었다. 그 후 31년에 後燕의 慕容垂가 鄴에 의거하였다. 그 후 2년에 西燕의 慕容沖이 阿房에 의거하였다. 그 해에는 乞伏國仁이 枹罕에 의거하여 秦이라 일컬었다. 그 후 1년에 慕容永은 上黨에 의거하였다. 그 해에는 呂光이 姑臧에 의거하여 涼이라 일컬었다. 그 후 12년에 慕容德은 滑台에 의거하여 南燕이라 일컬었다. 그 해에는 禿髮烏孤가 廉川에 의거하여 南涼이라 일컫고 段業이 張掖에 의거하여 北涼이라 일컬었다. 그 후 3년에 李玄盛(李暠)은

敦煌에 의거하여 西涼이라 일컬었다. 그 후 1년에 沮渠蒙遜은 段業을 살해하고 涼이라 일컬었다. 그 후 4년에 譙縱은 蜀에 의거하여 成都王이라 일컬었다. 그 후 2년에 赫連勃勃은 朔方에 의거하여 大夏라 일컬었다. 그 후 2년에 馮跋은 離班을 살해하고 和龍에 의거하여 北燕이라 일컬었다.

〈도표 5〉『晉書』(殿版) 卷101 「載記」 첫머리

이것을 정리하면 〈도표 6〉과 같다.

이 중 8과 10에서는 10에 국명이 없는 것과 14와 16에서는 16에 의거한 장소가 없는 것으로부터, 각각 西燕과 北涼의 정권 내부의 권력 항쟁을 나타내고 있다고 이해해도 틀리지 않는다. 그렇다면 여기에는 17개 국가가 표시되어 있는 것이 된다. 즉 「載記」 첫머리의 기술에서는 이 시기 소규모 국가의 수를 16이 아닌 17로 인식하였고 또 그 17개 국가 가운데 소위 十六國 전부를 포함하고 있는 것도 아니다. 즉 後秦이 기록되어 있지 않고 반대로 冉魏와 成都王이 들어있는 것이다. 또한 13과 14의 건국연대가 일반에게 알려진 연대보다 1년 늦고 그것에 따라서 15 이후도 1년씩 늦게 되었다.

〈도표 6〉『晉書』「載記」 첫머리에 기록된 여러 나라

	건국자	건국년	국명	수도	관용적 국명
1	劉淵	304	漢	離石	前趙
2	石勒	313	趙	襄國	後趙
3	張重華	349	涼王	河西	前涼
4	冉閔	350	魏	鄴	冉魏
5	苻健	351	秦	長安	前秦
6	慕容儁	352	燕	遼東	前燕
7	慕容垂	383	後燕	鄴	後燕
8	慕容沖	385	西燕	阿房	西燕
9	乞伏國仁	385	秦	枹罕	西秦
10	慕容永	386		上黨	西燕
11	呂光	386	涼	姑臧	後涼
12	慕容德	398	南燕	滑台	南燕
13	禿髮烏孤	398	南涼	廉川	南涼
14	段業	398	北涼	張掖	北涼
15	李暠	401	敦煌	西涼	西涼
16	沮渠蒙遜	402	涼		北涼
17	譙縱	406	成都王	蜀	
18	赫連勃勃	408	大夏	朔方	夏
19	馮跋	410	北燕	和龍	北燕

▫ 『晉書』「載記」 본문의 여러 나라

그러나 『晉書』「載記」 30권에 걸친 본론에서는 서문에 열거된 여러 나라와 조금 다른 나라들에 대해서 서술되어 있다. 「載記」의 구성을 〈도표 7〉에 게재하였다.

이 표에서 알 수 있듯이 「載記」에는 14국 밖에 기재되어 있지 않다. 첫머리의 서문에 등장함에도 불구하고 「載記」 본문에 해당 국가의 내용이 실려 있지 않은 것은 前涼, 西涼, 冉魏, 成都王의 4개 국가이고, 반대로 서문에서 언급되어 있지 않은 後秦은 4권에 걸쳐서 기술되어 있다. 冉魏에 대해서는 「石季龍載記下」에 「冉閔附記」가 실려 있지만 前涼, 西涼, 成都王에 대해서는 「載記」에는 해당 국가의 내용을 서술한 부분이 없다. 그러면 그 나라들이 『晉書』에 기재되어 있지 않은가 하면 그렇지도 않다.

前涼은 卷86의 「張軌傳」에 또 西涼은 卷87의 「涼武昭王李玄盛傳」에 실려 있고 게다가 成都王은 卷100에 반란자를 모아서 정리한 列傳의 최후에 「譙縱傳」으로써 기재되어 있다. 이들 4개 국가에 공통된 점은 모두 漢人이 건국한 나라라는 것이다. 따라서 「載記」에 해당 국가에 관한 卷이 마련되지 않았던 것에 대해서는 납득할 수 있는 부분도 있다. 그러나 같은 漢人이 건국한 冉魏와 北燕은 「載記」에 기재되어 있어서 반드시 일관된 입장으로 기술되었다고도 인정할 수 없는 것이다.

<도표 7> 『晉書』「載記」의 구성

권	권 명	관용적 국명
101	劉元海	1-前趙
102	劉聰	
103	劉曜	
104	石勒上	2-後趙
105	石勒下	
106	石季龍上	
107	石季龍下	
108	慕容廆	3-前燕
109	慕容皝	
110	慕容儁	
111	慕容暐	
112	苻洪, 苻健, 苻生	4-前秦
113	苻堅上	
114	苻堅下	
115	苻丕, 苻登	
116	姚弋仲, 姚襄, 姚萇	5-後秦
117	姚興上	
118	姚興下	
119	姚泓	
120	李特, 李流	6-成漢
121	李雄, 李班, 李期, 李壽, 李勢	
122	呂光, 呂纂, 呂隆	7-後涼
123	慕容垂	8-後燕
124	慕容寶, 慕容盛, 慕容熙, 慕容雲	

125	乞伏國人, 乞伏乾歸, 乞伏熾磐, 馮跋	9-西秦 10-北燕
126	禿髮烏孤, 禿髮利鹿孤, 禿髮褥檀	11-南涼
127	慕容德	12-南燕
128	慕容超	
129	沮渠蒙遜	13-北涼
130	赫連勃勃	14- 夏

▫ 『魏書』, 『宋書』, 『北史』의 여러 나라

이것이 『魏書』에서는 더욱 이해가 어려워진다. 『魏書』에서는 五胡十六國 시대의 여러 세력에 대해서 列傳의 권95부터 99까지의 5권 중에서 권98을 제외한 4권에 걸쳐서 기재되어 있다. 권98을 포함해서 각 권에서 언급하고 있는 여러 나라를 정리한 것이 〈도표 8〉이다.

『魏書』에서는 人名에 民族名 등의 직함을 붙여 열전의 명칭으로 하고 있는 것이 특징이고 〈도표 8〉의 오른쪽에는 국명을 표시하였다.

〈도표 8〉 『魏書』 권95~99의 구성

권	권 명	관용적 국명
95	匈奴劉聰, 羯胡石勒, 鐵弗劉虎 徒何慕容庑 臨渭氐苻健, 羌姚萇, 略陽氐呂光	1-前趙, 2-後趙, 3-夏 慕容燕(4-前燕, 5-西燕, 6-後燕, 7-南燕) 8-前秦, 9-後秦, 10-後涼
96	僭晉司馬叡, 賨李雄	東晉, 11-成漢
97	島夷桓玄, 海夷馮跋, 島夷劉裕	楚, 12-北燕, 宋
98	島夷蕭道成, 島夷蕭衍	南齊, 涼
99	私署涼州牧張寔, 鮮卑乞伏國人 鮮卑禿髮烏孤, 私署涼王李暠 盧水胡沮渠蒙遜	13-前涼, 14-西晉 15-南涼, 16-西涼 17-北涼

이 표를 보면 『魏書』 열전에는 前燕 이하의 慕容氏의 여러 燕 나라가 「徒何慕容庑傳」으로 정리되어 있으며, 소위 十六國은 전부 망라되어 있는 것을 알 수 있다. 한편 소위 十六國 이외에는 西燕은 慕容氏의 燕

중에서 前燕과 後燕 등에 필적할 정도로 취급되어 있지만, 冉閔에 대해서는 「羯胡石勒傳」의 말미에 大魏라고 일컬었던 것만이 기재되어 있고 譙縱에 대해서는 「羌姚萇傳」에 그의 자립한 것이 언급되어 있는 것뿐이다. 따라서 해당 국가에 대한 열전을 설치한 것은 17개 국가를 언급한 것으로 되었다. 또 前仇池와 後仇池에 대해서는 서남방 소수 민족을 언급한 권 100에 吐谷渾, 宕昌, 高昌, 鄧至, 蠻, 獠와 함께 기록되어 있고 그것은 주변 민족으로써 취급되었다. 주목되는 것은 소위 十六國이 강남의 東晉, 宋, 南齊, 梁 및 5세기 초의 東晉 시대에 한때 황제를 일컬었던 桓玄의 楚와 동급으로 취급되고 있는 것이다(南朝 최후의 왕조 陳은 557년에 건국되어서 北魏가 존재했던 시대에는 아직 출현하지 않았다.).

『魏書』卷95 첫머리의 열전 서문에는 劉淵, 石勒, 徒何, 氐羌, 夷楚, 胡가 열거되어 있다. 人名과 民族名 등이 혼재되어 있는데 여기의 夷楚는 東晉과 南朝를 의미하고 있으며 『魏書』에서는 東晉과 南朝도 桓玄의 楚와 함께 割據 정권이고 또 소위 十六國도 그들 漢人 왕조들과 동급인 割據 정권으로 취급하였던 것이다. 『魏書』에서는 東晉과 成漢이 같은 卷에 편집되거나 楚와 宋 사이에 北燕이 삽입되는 등 그 의도를 예측하기 어려운 부분도 많다. 어찌 되었던 『魏書』의 五胡十六國 시대의 여러 세력을 취급하는 방법은 『晉書』와도 또 다르다는 것은 확실하였다.

또 『宋書』에서는 卷98에 「氐胡傳」을 두고 前仇池와 後仇池 및 北涼이 기재되어 있지만 宋代에 존재했던 다른 여러 나라에 관해서는 언급되어 있지 않았다. 또 『北史』에는 卷93에 「僭僞附庸傳」이라 하여 夏赫連氏, 燕慕容氏, 後秦姚氏, 北燕馮氏, 西秦乞伏氏, 北涼沮渠氏, 後梁蕭氏의 열전을 두었고, 前仇池와 後仇池는 卷96에 『魏書』와 마찬가지로 吐谷渾 등과 함께 취급되어 있었다. 『北史』는 北朝 시대에 존재했던 五胡十六國 시대 후기의 여러 나라를 6세기 北朝의 괴뢰국가 後梁과 함께 하나의 卷에 두었고 後燕과 南燕의 선조인 前燕도 언급하려는 의도로 쓰여졌던 것이다. 또 西涼의 건국자 李暠가 唐의 시조 李淵의 7대 선조이기 때문에 西涼에 대해서는 최종 권인 卷100의 「序傳」의 일부로써 기록하였다. 이와 같이 『北史』의 입장은 명확하고 이해하기 쉽다. 또한 본문의 내용은 『魏書』를 계승하였다.

□ 十六國의 정착화

이상에서 본 것처럼 4세기에서 5세기에 걸친 여러 국가의 이해에 대해서는 여러 역사서 간에도 또 『晉書』의 내부에서 조차도 큰 차이를 볼 수 있고, 거기에서는 十六國이라는 공통의 개념은 존재하지 않았던 것이다. 그러한 가운데 주목해야만 하는 기록이 앞에서 열거한 『魏書』「崔鴻傳」의 기록인 것이다. 이 열전에 등장한 여러 나라의 창업자를 다시 기록하면

> 劉淵, 石勒, 慕容儁, 苻健, 慕容垂, 姚萇, 慕容德, 赫連屈孑, 張軌, 李雄, 呂光, 乞伏國人, 禿髮烏孤, 李暠, 沮渠蒙遜, 馮跋

이다. 이것들은 人名으로 표시되었지만 명백하게 十六國을 규정하고 있다. 그리고 여기에 나타난 인물이 세운 국가는 현행 『十六國春秋纂錄』과 순서는 다르지만 〈도표 9〉에 보이는 것처럼 일치한다.

〈도표 9〉『魏書』「崔鴻傳」과 『十六國春秋纂錄』에 있어서의 十六國

『魏書』「崔鴻傳」		『十六國春秋纂錄』	
기재순	건국자	건국자에 상응하는 국명	게재순
1	劉淵	前趙	1
2	石勒	後趙	2
3	慕容儁	前燕	3
4	苻健	前秦	4
5	慕容垂	後燕	11
6	姚萇	後秦	5
7	慕容德	南燕	13
8	赫連屈孑	夏	16
9	張軌	前涼	7
10	李雄	蜀	6

11	呂光	後涼	10
12	乞伏國人	西秦	14
13	禿髮烏孤	南涼	12
14	李暠	西涼	8
15	沮渠蒙遜	北涼	9
16	馮跋	北燕	15

『十六國春秋纂錄』에서는 成漢의 기록이 「蜀錄」이라고 되어 있지만 다른 것은 친숙한 국명이다. 아무래도 十六國이 前趙에서부터 北燕에 이르는 여러 나라라는 인식은 6세기 전반인 崔鴻 시기에 출현하고 있었던 것 같다. 그것은 6세기 중기 東魏의 楊衒之(생몰년 미상)의 『洛陽伽藍記』에서도 "永嘉 이래 건국하고 왕이라 일컬었던 자는 16명"이라는 것에서 추측할 수 있다.

다만 그것이 일반화되기에 이르지는 않았다. 그렇기 때문에 崔鴻보다 수십 년 이후의 사람인 魏收는 『魏書』를 편찬할 때에 崔鴻과는 다른 구성을 시행하였고, 또 唐代에 편찬된 『晉書』와 『北史』도 그것들과는 또 다른 이해를 나타냈던 것이다. 十六國의 동일 시대에는 물론 그 이후에도 3~5세기의 華北에서 자립했던 여러 나라의 수효를 16으로 한정하여 생각하지는 않았던 것이다. 즉 『十六國春秋』가 생겼다고 해서 바로 十六國을 일괄하여 생각하는 것이 정착된 것은 아니고, 적어도 唐代까지는 다양한 인식이 병존했던 것이다. 결국 十六國이 정착된 것은 五胡와 마찬가지로 宋代까지 기다리지 않으면 안 되었다. 王應麟은 『小學紺珠』「歷代論」에서 十六國이라는 항목을 세우고 거기에서 崔鴻이 열거한 前趙부터 蜀까지의 16개 국가를 열거하였다. 즉 十六國은 6세기 崔鴻이 규정한 개념이지만 그 정착은 아마도 13세기경부터라고 추정되는 것이다.

이상과 같이 十六國의 개념은 해당 시대 이후에 점차로 정착했던 것이고 그 수에 얽매일 필요는 없는 것이므로, 본서에서는 소위 十六國에 한정해서 생각하지 않았고 이 시대에 華北(이것도 애매한 지역 개념이지만 여기에서는 前秦이 지배하게 된 지역이라고 생각한다. 본서에서 사용하는 華

北에는 四川이 포함되는 경우도 있다.)에서 흥망 했던 소규모 국가를 망라
해서 취급하였으며 또 그들을 총칭할 때에는 十六國을 사용하였다.

제3장

十六國의 흥망

제1절 五胡十六國 시대의 전체 모습

▫ 8王의 亂

290년 4월 三國 정립을 수습하고 중국을 통일한 西晉의 武帝 司馬炎이 사망하였다. 그리고 그의 사망을 계기로 西晉의 종실과 외척(皇后와 皇太后의 친족), 권신에 의한 제위 계승 쟁탈이 일어나면서 西晉 왕조를 뒤흔드는 대규모 반란이 되었다. 이것이 즉 8王의 亂으로 그 과정은 다음과 같다.

武帝의 뒤를 계승해서 皇太子 司馬衷이 즉위하였는데 그가 바로 惠帝이다. 그는 어리석고 우매하였기 때문에 楊皇太后(武帝의 皇后)는 아버지 楊駿에게 천자를 도와서 정치를 다스리게 하였고, 또 楊駿은 2명의 동생을 요직에 임명하였는데 여기에서 楊氏 일족의 권력 장악이 시작되었다. 하지만 그것을 꺼리던 惠帝의 皇后 賈氏는 291년 3월 汝南王 司馬亮과 楚王 司馬瑋 등 여러 王의 힘을 빌려 楊駿을 살해하고 차례로 司馬亮과 司馬瑋 등을 살해하여 실권을 장악하였으며, 賈皇后의 조카 賈謐을 중심으로 하는 賈氏 일족의 정권이 시작되었다. 그 후 9년간은 賈氏 일족이 정권을 장악했으며 동시에 張華와 裴頠 등의 명망이 있는 인물도 중추에서 활약하여 정권은 비교적 안정되었다. 그러나 299년 12월 賈皇后에 의한 皇太子 司馬遹의 폐위 및 이듬해인 300년 3월 피살을 계기로 사태는 크게 전개되었다. 4월 趙王 司馬倫은 쿠데타를 일으키고 賈氏 일파를 제거하였으며 301년 1월에는 惠帝를 유폐하여 太上皇이라 하고 스스로 황제에 즉위하였다. 이것에 대해서 종실의 여러 王이 반발하고 4월에 司馬倫은 살해되었다. 이 이후 여러 王들 사이의 항쟁은 수렁에 빠지게 되었고 中原은 대규모 혼란에 빠졌다. 앞에 등장한 3인 이외에 齊王 司馬冏, 成都王 司馬穎, 河間王 司馬顒, 長沙王 司馬乂, 東海王 司馬越 등이 관여했던 혼란은 가까스로 306년 12월에 東海王 司馬越이 懷帝 司馬熾를 옹립하여 수습되었다.

▫ 西晉의 멸망과 東晉의 성립

懷帝는 洛陽(河南省 洛陽市)에서 즉위했지만 8王의 亂을 통해서 西晉 왕조의 권위는 추락하였고, 게다가 懷帝와 그를 보필하는 자리에 있던 東海王 司馬越과의 관계가 악화되어 西晉의 위엄과 명령은 전 영토에 미치지 못하게 되었다. 그리고 311년(永嘉5년)에 司馬越이 병으로 사망한 혼란 중에 山西에서 자립한 匈奴가 건립한 前趙에 공격을 당하고 6월에는 마침내 洛陽은 함락되었으며, 懷帝 자신도 長安(陝西省 西安市)으로 도망치려고 했지만 체포되어 前趙의 도읍인 平陽(山西省 臨汾市)으로 납치되었다. 洛陽의 궁전과 종묘는 불타 버렸고 3만 명 이상이 살해되었다고 한다. 이것을 당시의 연호를 붙여 永嘉의 亂이라 하고 西晉은 사실상 멸망했던 것이다.

洛陽이 함락될 때에 滎陽郡 密縣(河南省 滎陽市)에 피난하고 있던 武帝의 손자에 해당하는 司馬鄴이 長安으로 들어가서 312년 9월에는 皇太子라고 일컬었다. 그리고 懷帝가 313년 1월에 平陽에서 살해되고 그 소식이 전해지자 4월에 황제에 즉위하였다. 그가 愍帝이지만 그 세력이 미치는 범위는 長安 주변에 그치는 이른바 關中 지역 정권이었다. 그리고

316년 11월 前趙의 劉曜 군사가 長安城을 포위하자 愍帝는 투항하였고 懷帝와 동일하게 平陽으로 납치되었으며 317년 12월에 살해당했다. 여기에 명실상부하게 西晉 왕조가 멸망했던 것이다.

8王의 亂에서는 東海王 司馬越을 따르고 있었던 西晉 왕조의 사실상 창업자 司馬懿의 증손자에 해당하는 琅邪王 司馬睿는 司馬越의 명령으로 建業(江蘇省 南京市)에 軍府를 열고 있었다. 그 후 愍帝로부터 丞相 大都督 中外諸軍事로 임명되었지만 愍帝가 前趙에 투항하자 317년 3월에 晉王이라 일컫고 建武로 연호를 정했으며, 또 愍帝의 죽음이 전해지자 318년 3월에 황제로 즉위하였다. 그가 元帝이고 이 이후 晉 왕조는 東晉이라 불렸으며 420년까지 존속하였다. 五胡十六國 시대 약 150년간의 거의 대부분의 기간을 강남에서는 建康(建業, 愍帝의 이름인 鄴을 피해서 建康이라고 고쳐 불렀다.)을 수도로 한 東晉이 漢人 왕조로써 존속하고 있었던 것이다.

▫ 十六國 흥망의 개요

8王의 亂은 중국 사회를 크게 변모시킨 계기가 되었다. 東海王 司馬越이 자신의 군대에 鮮卑의 병사를 추가하였고 成都王 司馬顯은 匈奴의 병사를 이용하는 등 여러 王들이 소수 민족을 군사력으로써 이용하였으며, 그리고 이것을 계기로 소수 민족은 중국 사회의 중요한 구성 요소가 되었던 것이다. 3세기부터 4세기에 걸친 시기에 이러한 소수 민족이 자립을 시작하였다. 일반적으로 304년 10월 李雄과 劉淵이 각각 成都王과 漢王을 일컬은 시점에서 소위 五胡十六國 시대가 시작되었다고 여겨지지만, 그 수년전부터 사실상의 독립은 시작되었으며 이후 약 150년간에 걸친 五胡十六國 시대가 전개되었다. 이 시기 華北에서는 20개 이상의 소규모 국가가 흥망을 반복했지만 먼저 전체의 흐름을 살펴보기로 하자.

이 시대의 여러 세력의 대규모 이동은 華北의 2대 핵심 요지인 長安을 중심으로 한 關中과 鄴(河北省 臨漳縣), 襄國(河北省 邢台市), 中山

(河北省 定州市)을 중심으로 한 關東의 쟁탈이라고 볼 수 있다. 이 두 가지 지역을 지배했던 나라가 十六國 중에서도 강대국으로써의 지위를 쌓을 수 있었고, 또 두 지역에 유력 정권이 세워지면 동서로 대립하는 현상이 나타났다. 그것은 320년대의 前趙와 後趙, 350~360년대의 前燕과 前秦, 380년대 중기에서 390년대 중기의 後燕과 後秦 및 410년대 말기에서 420년대 중기의 北魏와 夏이다. 그러나 그 대립은 北魏와 夏의 대립을 제외하고는 동서의 두 세력 간의 攻防만으로는 결말이 나지 않았다. 前趙와 後趙의 대립은 後趙의 關中 지배에서 일단은 해소되었으나 동북방에서의 前燕의 진출 때문에 後趙도 패퇴하였다. 前燕과 前秦의 關東 진출에 의한 華北 통일로 종료했지만 前秦도 東晉 공격의 실패에 의해서 와해되었다. 또 後燕과 後秦의 대립은 양자 간의 결말이 생기기 전에 북방에서 온 北魏와 夏의 압력에 의해서 소멸되었다. 그리고 최후의 대립은 北魏에 의한 華北 통일로 결과를 보게 되었다.

이러한 華北 핵심 요지에서의 攻防으로부터 조금 떨어져 몇 개의 주변 지역에서 여러 정권의 흥망이 전개되었다. 그 하나는 서남의 四川으로 여기는 成漢이 비교적 장기간 지배한 후에 前秦의 지배 하로 흡수되었다. 또 서북의 黃河 이서의 甘肅으로부터 靑海 북부에서는 4세기 후반까지는 前涼의 지배 하에서 안정되었지만, 前秦의 지배를 겪은 4세기 말기부터 5세기 전반에 있어서는 소규모 국가의 난립 상태로 되었다. 甘肅 남부에서는 前仇池와 後仇池가 흥망을 거듭하였고 또 동방의 遼寧과 山東에서는 4세기 중기에 前燕이 흥기하였으며 5세기 초기에는 後燕의 잔존 세력이 할거한 적이 있었다.

이상과 같이 대략 150년간 여러 나라의 흥망은 前秦에 의한 통일과 淝水의 전투를 사이에 두고 전기와 후기로 나눠졌고, 또 北魏에 의해 최종적으로 수습되었다고 볼 수가 있다. 아래에서 그 흥망의 상태를 순차적으로 살펴보기로 하자.

〈도표 10〉十六國 흥망 개념도

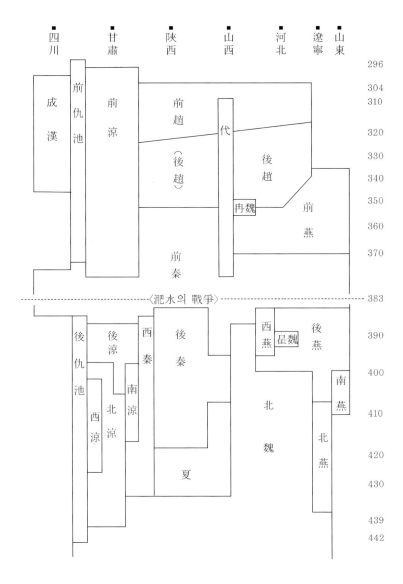

제2절 五胡十六國 시대 전기

<도표 11> 五胡十六國 시대 전기

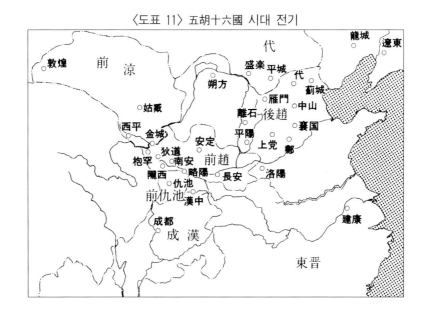

□ **成漢**

　　成漢은 後蜀이라 불리는 경우도 있지만 일반적으로 李雄이 成都王이라 일컬었던 304년 10월을 시점으로 정식으로 성립했다고 여겨진다. 그러나 李氏 집단은 이미 그 이전 李雄의 아버지 李特의 시대부터 四川에서 세력을 쌓고 있었다. 李特의 태생에 대해서는 여러 사료에 巴氏, 巴, 賨 등으로 기록되었고 현대의 연구자도 氐, 巴蠻, 氐族 賨部 혹은 西南夷라고 한 적도 있다. 반드시 일치를 보지 않지만 여기에서는 일단 巴라고 한다. 그들은 李特의 조부인 李虎의 시대부터 曹操에 의해서 渭水 상류에 있는 略陽(甘肅省 秦安縣)에 거주하게 되었지만, 296년 氐族 齊萬年의 반란으로 關中이 혼란하였고 또 매년의 기근에 의해 流民이 대량으로 발생하자 李

特은 297년에 집단을 거느리고 漢中(陝西省 漢中市)으로 남하하였다. 李特은 또 巴蜀(四川省)에서 머물며 생활하게 해줄 것을 西晉 조정에 요청했지만 허가받지 못했다.

그러나 流民 집단에 대처하기 위해 파병된 侍御史 李苾이 流民으로부터 뇌물을 받고 조정에 巴蜀으로의 이동을 건의했기 때문에, 그들은 합법적으로 巴蜀 일대로 이주할 수 있었다. 그 당시 집단의 규모는 漢族을 포함해 10만 명 이상이 되었다고 한다. 이러한 李特의 집단과 그의 동향은 李氏의 대부분이 州郡의 屬官이 되어 부락민뿐만 아니라 漢族에게도 큰 영향력을 가지고 있었다는 점에서, 다른 五胡의 여러 정권보다도 오히려 당시 華北 각지에서 활동하고 있던 지방 豪族과 유력 지방 관리 집단의 반란과의 유사성이 크다.

巴蜀에 이주했던 李特의 집단은 益州刺史를 그만두게 된 趙廞이 西晉에 반란하여 자립하자 거기에 추종하여 후임 益州刺史 耿藤을 살해하는데 협력하였다. 그러나 趙廞은 머지않아 李特의 형인 李庠의 능력을 우려하여 반역을 이유로 301년에는 李庠을 살해해 버렸다. 그 결과 李特 집단은 趙廞으로부터 반란하고 마침내는 趙廞을 살해하였다. 西晉은 成都(四川省 成都市)에 새로이 益州刺史 羅尙을 파견하고 체제의 회복을 도모하였으며 李特은 緜竹(四川省 德陽市)에 있던 羅尙에 복속하게 되었다. 그러나 羅尙이 流民 대책에 실패했기 때문에 流民은 李特에게 더욱 복종하였고 巴蜀의 漢族 중에서도 그에게 의지하는 사람이 증가하였다. 그래서 李特은 302년 5월에는 益州牧 大將軍이라 스스로 일컫고 자립하였으며 建初라는 연호도 정했다. 여기서 成漢은 실질적으로 성립했다고 할 수 있다. 그러나 그것은 西晉의 益州刺史 羅尙과 성면에서 충돌하는 경우가 발생하여 양자는 격렬하게 攻防을 반복하였다. 그리고 303년 3월 荊州刺史 宋岱 등의 응원을 받은 羅尙이 마침내 李特을 살해하였다.

李特의 세력은 동생 李流에게 계승되었지만 그는 머지않아서 병으로 사망했기 때문에 다시 李特의 아들 李雄에게 계승되었다. 李雄은 303년

11월 羅尙을 공격하여 成都를 점령하였고 304년 10월에는 成都王이라 일컫게 되었다. 李雄은 또 306년 6월에 皇帝에 즉위하고 국호를 大成이라 하였으며 그 전후에는 漢中을 제압하고 세력을 확대하였다. 한편으로 동방의 巴郡(重慶市)에 의거한 羅尙과의 대립은 점점 계속되었지만 310년 7월 羅尙의 죽음으로 巴蜀에 대한 李雄의 지배는 확립되었다.

이 나라(大成)는 關中으로부터의 이동 과정에서 漢族을 많이 흡수하였고 정권의 핵심에도 漢族이 진출해 있었다. 또 당시 中原의 혼란 속에서 巴蜀은 中原으로부터 온 流民의 피난 장소로써의 기능도 달성하였고 李雄도 귀의하는 자는 받아들여 그 재능을 이용하였다. 漢中에서 巴蜀에 이르는 지역은 後漢 말기에 五斗米道 신앙이 널리 보급된 지역으로 李雄은 范長生이라는 道士를 天地太師로 임명하여 정권에 영합하게 하는 등 토착 세력과 토착 사회의 장악에도 배려하였다. 李雄의 재위 시기는 31년간 지속되었고 이 기간의 巴蜀 사회는 비교적 안정되어 있었다.

그러나 334년 4월 李雄이 사망과 함께 제위 계승 쟁탈이 일어났고, 여기에 관료들도 자립 확보파와 晉朝 귀순파와의 격심한 대립이 겹쳐서 정권은 급속하게 쇠퇴해 갔다. 漢族의 영향력이 강하고 또 東晉과의 우호 관계를 유지했던 정권이었기 때문에, 東晉의 안정화가 진행되어가자 반대로 정권의 정통성을 문제 삼게 된 것이다. 제위는 李雄 이후 그 형의 아들인 李班, 8월에는 李雄의 네 번째 아들인 李期, 338년 4월에는 李壽로 단기간에 교체되었다. 李壽는 李特의 동생 李驤의 아들인데 즉위하자 李雄의 아들을 전부 살해하고 국호도 漢이라고 변경하였다. 이 漢과 앞의 국호인 大成을 합해서 成漢이라고 일컬었다.

李壽의 쿠데타도 東晉에 귀순하려고 하는 세력에 의하여 실행되었지만 李壽는 결국 東晉에 귀속하지 않고 자립의 길을 선택하였다. 그는 실현하지 못했기에 망정이지 後趙와의 연대도 고려하였고, 또 급속한 국력 증강책을 전개하였지만 343년 8월에 병으로 사망하였다. 그 후 큰아들 李勢가 즉위했지만 측근을 배제한 것과 내란 및 獠(荊州 방면에서부터 四

川으로 유입해 온 소수 민족)의 반란으로 국력이 약화되었고 東晉의 安西將軍 桓溫의 공격에 의하여 347년 2월 멸망하였다. 李勢 자신은 東晉에 사로잡혀서 建康(江蘇省 南京市)으로 보내지고 歸義侯로 임명되었다가 361년에 사망하였다.

成漢은 巴人 이씨와 秦州(甘肅省 동부)의 토착 세력과 거기에 益州(四川省)의 토착 豪族으로 구성된 정권이다. 李雄은 그들을 결합시켜 건국했지만 豪族 반란 집단 혹은 益州에 있어서 일종의 流寓 정권이라는 성격은 정권 멸망까지 해소하지 못했다. 정치 기구는 丞相 이하 백관을 설치하고 郡縣制(郡 아래에 縣을 두는 지방 행정제도)를 채용하는 등 漢族의 지배 체제를 도입하여 4세기 전반 中原에 비하면 비교적 안정된 사회가 되었다. 그러나 결국 내부의 몇 가지 흐름이 충돌하여 일치하는 가운데 東晉에서 권력 확립의 한 수단으로써 巴蜀 평정을 도모한 桓溫의 손에 의하여 멸망당했다.

〈도표 12〉成漢 계보도

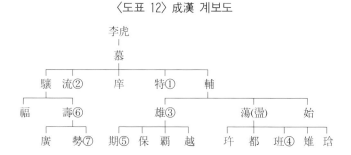

□ **前趙**

前趙를 건국한 劉氏는 匈奴의 일파 屠各種의 지배 씨족으로 그의 확실한 선조인 劉豹는 3세기 중엽에 左賢王으로써 역사에 등장하였다. 劉豹는 『晉書』「劉元海載記」에는 南匈奴의 於扶羅 單于의 아들로 기록되어 있지만 於扶羅가 활동했던 2세기 후반의 시기와 270년대 후반으로 여겨지는 劉豹의 사망 시기와 차이가 큰 것 등에서, 아마도 於扶羅의 아들이 아니고 南匈奴 單于와 직접 관계는 없다고 말할 수 있다. 다만 匈奴 세계에 있어서 정통성을 주장하기 위하여 於扶羅 單于의 아들인 것을 표방하고 또 漢族 세계에 영향력을 가지기 위해서 前漢과 後漢의 劉氏를 일컬었다고 여겨진다. 劉豹는 南匈奴를 五部(左, 右, 南, 北, 中)로 나누고 통치하려고 했던 曹魏 정권의 분할 지배 정책 하에서 左部帥가 되었고, 또 五部의 匈奴를 관리함에 있어서 部帥는 侍子(인질)를 洛陽으로 보내지 않으면 안 되었기 때문에 아들 劉淵을 侍子로 보냈다. 劉淵은 曹魏의 嘉平 연간(249∼254년)에 태어나 어렸을 때부터 중국 고전에 익숙하였고 洛陽에서 侍子 생활을 보내면서 中原 인사들과 교류를 돈독하게 하고 중국 문화의 교양을 높여 갔다.

270년대 후반에 劉豹가 사망하고 劉淵은 그 뒤를 이어서 西晉으로부터 左部帥에 임명되었고 또 太康 연간(280∼290년)에 西晉의 武帝가 部帥를 都尉로 고치자 左部都尉가 되었으며, 또한 北部都尉도 겸임하고 楊駿이 황제를 보좌하여 통치할 때에는 五部 大都督으로 임명되었다. 劉淵이 五部 匈奴에 큰 영향력을 가진 것을 西晉 왕조도 승인하였던 것이다. 劉淵은 8王의 亂이 일어났을 때에는 匈奴의 병력을 이용하려했던 8王의 한 사람인 成都王 司馬穎에 의해서 鄴에 주둔하고 行寧朔將軍이 되었으며 후에 또 輔國將軍과 冠軍將軍으로 임명되었다. 그러나 혼란이 심해지자 五部 匈奴는 자립을 도모하게 되었고 劉淵의 從祖父 劉宣 등은 은밀히 劉淵을 大單于로 추대하였다. 당초 司馬穎은 劉淵이 鄴을 떠나는 것을 허락하지 않았지만, 劉淵은 烏桓, 鮮卑를 이용하여 司馬穎을 공격하려는 幷州刺史 司馬騰(東海王 司馬越의 동생)과 安北將軍 王浚에게 대항하기 위해서는 匈奴를 이용하는 것이 효과가 있다고 설명하여 司馬穎을 설득하였고, 304년 8월 山西로 돌아가는 것에 성공하였으며 이전에 南單于의 본거지였던 離石(山西省 離石市)에서 大單于를 일컬었다. 그 후 司馬穎은 王浚에게 패배하여 洛陽으로 도망가고 劉淵의 휘하에는 많은 민중이 집결하였다. 그래서 劉淵은 304년 10월 離石의 左國城에서 漢王이라 일컫고 元熙라고 연호를 정하여 독립하였다. 여기에 前趙가 성립하였는데 이 때의 국호는 漢이다. 왜 漢이라는 명칭을 사용했던 것일까? 左國城으로 옮겼을 때 劉淵이 말하기를..

> 漢은 천하를 지배한 것이 오래되었고 그 은덕은 인심으로 맺어져 있다.
> 그래서 昭烈帝(劉備)는 益州의 1개 州만으로도 천하를 경쟁할 수 있었던 것
> 이다. 우리 匈奴는 漢 皇帝의 조카이고 형제도 된다. 형이 죽으면 동생이 계
> 승하는 것은 당연하다. 漢이라 칭하고 後主(劉禪)를 추존하여 세상 사람들이
> 존경하고 신뢰하는 덕망을 따라야만 한다.

라고 하였다. 劉淵은 匈奴가 前漢 시대에 漢 帝室과 통혼하고 또 형제 관계인 것을 근거로 스스로 국호를 漢이라 하였다. 그것이 천하의 인심을 수렴하는 수단이 된다고 여겼던 것이다. 그리고 정식으로 劉禪을 孝懷皇帝로 추존하고 漢의 高祖 劉邦 이하의 신주를 제사지내고 자신이 前漢, 後漢, 蜀漢의 후계자인 것을 표방하였다. 즉 劉淵은 직접적으로는 三國의 蜀 後主 劉禪의 상속자로써 匈奴를 중심으로 한 五胡와 漢族의 연합국가의 수립을 도모하였던 것이다.

劉淵은 司馬騰을 무찌르고 河東 지역을 차지하였으며 鄴에 이르렀다. 그 과정에서 鮮卑와 氐族의 유력자와 또 羯族의 石勒, 漢人 士族 王彌와 劉靈 등을 획득한 것은 이후 前趙의 발전으로 이어졌다. 그리고 308년 10월에는 蒲子(山西省 濕縣)에서 皇帝의 지위에 즉위하고 동시에 大司馬, 大司徒, 大司空과 相, 御史大夫, 太尉 등 중국 왕조 형식의 관제를 정비하였으며 또 309년 1월 平陽으로 천도하였다. 前趙의 기초는 이렇게 하여 劉淵 때에 확립되었던 것이다.

310년 6월 劉淵은 병으로 사망하고 아들 劉和가 즉위하였다. 그는 형제를 배제하고 지위의 안정을 꾀했지만, 7월에 오히려 劉和의 동생 劉聰

이 쿠데타를 일으켜 劉和를 살해하고 즉위하였다. 劉聰은 바로 현재의 河北省, 山東省 방면의 정벌을 감행하였고 또 311년 6월 王彌, 石勒과 劉淵의 조카인 劉曜 등에게 명하여 洛陽을 공격하게 하였으며 黃河 중류 지역의 주도권을 장악했던 것이다.

그 후 劉聰은 王彌와 대립하였지만 王彌는 石勒에게 평정되었고 前趙의 동방 경영은 石勒이 중심이 되어 실행하게 되었다. 한편 陝西와 山西 북부의 경영은 劉曜에 의해 맡겨졌고 關中의 氐族과 羌族은 劉曜에게 복속되었다. 314년 劉聰은 그때까지 재량껏 설치되어 왔던 관직의 정리를 실행하고 관료 기구를 정비하였다. 그 특징은 漢族에 대해서는 左右司隸를 두어 각각 20여만 戶를 통괄하게 하였고, 五胡에 대해서는 單于左右輔를 두어 각각 10여만 落을 총괄하게 하였다. 이것은 이전부터 실행되어 왔던 차기 皇帝 예정자를 大單于로 임명하는 제도와 함께 五胡와 漢族 두 세계에 배합하는 체제라고 말할 수 있다. 이와 같은 소위 이중 통치 체제 혹은 민족 分治는 그때까지의 중국 왕조와 유목 국가에서는 볼 수 없는 새로운 체제였고 이후 十六國의 국가 체제의 모델로도 되었다. 이 때의 숫자에서 미루어 생각하면 前趙는 이 시기 漢族 220만 명 五胡 400만 명으로 된 국가였다고 여겨진다.

前趙는 또 長安에 의거해서 여명을 유지하고 있던 西晉을 공격하였고, 316년 2월에는 長安을 함락시켜서 華北의 주요 지역을 지배 하에 두게 되었다. 그러나 이 때 이미 정권의 기반은 흔들리고 있었다. 前趙의 세력은 河北, 山東, 河南, 陝西로 확대되었지만 河北 북부에는 王浚이 山西 북변에는 西晉의 將軍 劉琨이 잔존하고 있는 이외에, 石勒과 王彌의 무장이었던 曹嶷가 襄國과 山東에서 실질적으로 독립 상태에 있었다. 이들 세력은 石勒에 의해 점점 배제되고 있었지만 그것은 石勒의 세력 증대와 관계되었고 劉氏의 권력 안정과는 관계가 없었다. 또 국내에서는 劉聰이 皇后 呼延氏 사망 이후에 漢人 士族 劉殷의 두 딸과 손녀딸 4명을 貴賓과 貴人으로 정하고 또 上, 左, 右 등 3皇后를 제정하였으며 屠各種

靳準의 딸을 上皇后와 右皇后로 정하는 등 後宮의 확대를 실행하였고, 마침내는 3皇后 이외에 皇后의 璽綬를 허리에 찬 여인이 7명이나 되었다는 이상 사태에 빠지게 되었다. 그 결과 外戚과 宦官의 정치 개입이 진행되어 혼란한 정치가 횡행하였고 여기에 平陽 지역의 기근도 추가되었던 것이다.

318년 7월 劉聰이 사망하고 아들 劉粲이 즉위하였으나 8월에 외척 靳準은 劉粲 이하 平陽의 劉氏 일족을 살해하고 漢天王이라고 스스로 일컬었으며 東晋에 투항을 제의하였다. 이것에 의해 漢은 한때 멸망하였다. 그러나 같은 해 10월에 相國 都督中外諸軍事로써 長安에 주둔하고 있던 劉曜는 蒲坂(山西省 永濟市)에서 皇帝에 즉위하였고, 12월에는 平陽의 靳準을 멸망시키고 수도를 長安으로 옮김과 동시에 국호를 趙로 변경하였다. 前趙의 명칭은 이것에 의하지만 漢과 합쳐서 漢趙國이라고 불린 적도 있었다. 그러나 그 혼란 속에서 동방에 세력을 키우고 있던 石勒이 319년 11월에 襄國에서 大單于 趙王(後趙)이라 일컬으며 자립하였기 때문에 前趙의 영토는 동서로 양분되었다. 華北은 서쪽의 前趙와 동쪽의 後趙의 대립 상태가 되는 지경에 이르렀다.

劉曜는 漢의 국호를 폐지함과 동시에 冒頓單于를 天에 필적하는 등 匈奴 민족주의의 강화를 꾀했으며, 동시에 太學과 小學을 세우고 國子祭酒와 崇文祭酒를 두는 등 漢文化의 흡수에도 뜻을 두었다. 국제적으로는 後趙에 대항하기 위해서 북방과 서방으로 세력을 확대하는 방침을 채택하였고, 320년까지는 關中의 氐族과 羌族 세력을 그의 지배 하에 두었다. 이와 같이 320년대에는 대체로 정국은 안정되어 있었지만 서쪽에서는 前涼과 前仇池의 세력에 위협당하여 後趙와의 대립 관계는 後趙의 우세로 변화되었다. 328년 7월 劉曜는 後趙의 공격을 받은 후 洛陽 탈취를 노렸지만 12월에 後趙 石虎의 반격을 당해서 대패하였고 劉曜 자신도 사로잡혀 살해당했다. 그의 太子 劉熙는 長安에서 서방으로 도주했지만 다음 해 9월에는 上邽(甘肅省 天水市)에서 石虎에게 살해당하고 前趙는 이것으로 완전히 멸망하였다.

前趙의 멸망 요인은 劉曜의 국내 정치 운영에 특히 커다란 문제가 있었던 것이 아니고, 後趙의 급속한 국력 증강과 서방의 前涼, 前仇池에 대한 외교에 만전을 기하지 못했던 점에 있었다고 할 수 있다.

〈도표 13〉 前趙의 계보도

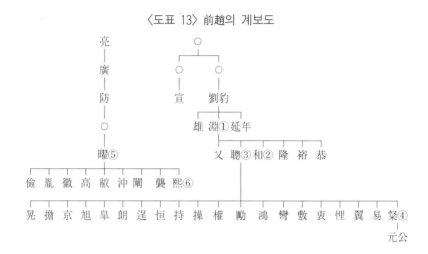

□ 後趙

後趙의 건국자 石勒은 上黨 武鄕(山西省 楡社縣) 출신의 羯族이다. 여러 사료에는 羯, 羯胡, 匈羯 혹은 匈奴의 別部 등으로 기록되어 있지만 羯이라는 민족명은 이 시기에만 나타난 명칭이기 때문에, 지금까지 그것을 匈奴系 종족중의 하나인 羌渠部의 후예, 또는 몰락하여 匈奴에 종속해 있지만 匈奴와는 구별되는 종족, 혹은 서역 출신의 소수 민족을 비교적 많이 포함한 종족, 또는 소구데이아나와 타시켄트 일대의 이란인이라고 하는 등 여러 주장이 있다. 그러나 町田隆吉의 연구에 의해 深目, 高鼻, 多鬚 등으로 된 신체적 특징에서 어쩌면 서방계의 종족을 중심으로 하는 여러 종족의 혼혈로 소위 雜胡이고 정치적으로 匈奴에 종속하여 그 문화적 요소를 많이 받아들이고 있던 사람들로 생각하는 것이 타당할 것이다.

羯族은 西晉 초기까지는 上黨을 중심으로 한 河北 일대에 진입하여 거주하고 있었고, 경제적으로는 목축에 종사하고 있었지만 자립할 수가 없어서 漢族 사회에 고용되는 등 의존하고 있었다. 石勒은 羯族의 작은 부족장의 아들로써 274년에 태어났고 太安 연간(302~303년) 幷州(山西省)의 대기근에 의하여 上黨의 羯族 부락은 해체 상태가 되었다. 石勒도 어쩔 수 없이 유랑하였고 오래전부터 알던 漢人 郭敬에 의해 衣食을 지급받아 간신히 생활하고 있었다. 그 때 石勒은 郭敬에게 "이 대기근에서 어떻게 하려해도 안 되고 胡人들은 심하게 굶주리고 있습니다. 冀州에서 곡물을 가져온다고 해서 胡人을 꾀어내어 잡아다가 팔면 어떨까요? 서로 도움이 될 것입니다."라고 말했지만, 그 자신이 幷州刺史 司馬騰의 노예 잡이를 만나 2인 1조로 목에 거는 형틀인 칼을 쓰고 山東으로 팔려가서 仕平의 漢人 師懽의 노예가 되어 경작에 종사하게 되었다. 당시 기근의 상황과 羯族과 石勒을 둘러싼 환경을 엿볼 수 있다.

그리고 노예가 된 石勒이지만 이윽고 우연한 기회로 해방되어 도적 무리에 투신하여 그 수령이 되었고, 현재의 河北省 남부에서부터 河南省 북부와 山東省 서부를 약탈하며 두각을 나타냈다. 그는 8王의 亂으로 혼란한 가운데 成都王 司馬穎의 옛날 장수였던 公師藩이 자립하자 거기에 투신하였고 그때부터 石勒이라고 일컫게 되었다. 公師藩이 전사하자 石勒은 잠시 鄴을 중심으로 활동한 후에 山西에서 胡族(匈奴 혹은 鮮卑)의 部長인 張背督과 馮莫突의 휘하에 속하게 되었고 307년 10월 張背督 등과 함께 劉淵에게 귀순하였으며 또 烏桓의 張伏利度의 무리도 귀속시켜서 前趙로부터 輔漢將軍 平晉王의 지위를 얻었다. 이렇게 하여 石勒은 곡질이 많았던 전반부 인생에서 드디어 안정된 지위와 독자적인 군사력을 수중에 넣었고, 이후 劉淵의 휘하에서 그의 동방 지역 경영에 종사하며 자신의 세력과 지위를 상승시켜 나갔다.

前趙의 동방 지역 경영은 주로 石勒과 漢人 士族 王彌에 의하여 전개되었고 308년 말기까지 石勒은 鄴을 함락하고 赦亭과 田甄을 멸망시컸으며 乞活(4세기 초 8王의 亂 말기에 幷州의 기근을 계기로 형성된 塢壁 집단. 또 塢壁에 대해서는 제5장 제2절을 참조할 것)의 일부를 흡수하였고 또 309년 여름에는 冀州(河北省 남부)의 郡縣을 평정하였다. 그때 冀州의 漢人 士人을 획득하고 君子營을 형성하였다. 그 안에는 張賓이 있었고 이후 石勒의 謀臣으로써 활약하였다. 311년 6월 前趙가 洛陽을 공격할 시기에 石勒은 劉粲, 劉曜, 王彌 등과 함께 공적을 쌓았고 직후에 또 張賓의 계책에 의해 라이벌인 王彌를 타도하고 그의 세력을 흡수하였다. 이와 같이 石勒은 前趙에 복속하면서 독자적인 세력을 착착 쌓고 있었던 것이다.

그 후 石勒은 襄國을 거점으로 하였고 西晉으로부터 자립하여 幽州(河北省 북부)에 의거한 王浚과 대립하였으며 遼西鮮卑 段部를 王浚으로부터 갈라놓고 그들과 연대하였고 또 烏桓의 세력을 받아들여 마침내 314년 3월에는 王浚을 타도하고 幽州를 획득하였다. 또 317년 7월에는 鮮卑 拓跋部와 段部와 연대하여 幷州에 의거하고 있던 劉琨을 쓰러뜨렸다. 劉琨은 결국 318년에 段部에게 멸망당하고 華北에 있어서 漢族의 유력 세력은 소멸되었다. 또 乞活 세력도 점차 억압을 당했고 319년 4월 陳川에서 귀의한 그의 주력 세력의 대부분은 石勒의 지배 하에 들어갔으며 그 후 石勒 군사력의 일익을 담당하게 되었다. 이렇게 해서 세력을 확대한 石勒은 前趙에 있어서 靳準의 쿠데타를 계기로 319년 11월 襄國에서 大單于 趙王이라 일컬었고 여기에 後趙가 성립하였다. 石勒은 관료 기구를 정리하고 관리 임용법도 제정하였다.

자립 후의 後趙는 북방에 鮮卑의 세력이 대기하고 있었기 때문에 현재의 河南省과 山東省 방면으로의 진출에 세력을 집중하였다. 그러나 318년 이래로 建康에 근거했던 東晉이 祖逖을 중심으로 河南의 확보를 도모했기 때문에 양자는 일진일퇴의 공방을 반복하게 되었다. 가까스로 321년에 祖逖이 병으로 사망하고 後趙는 河南을 지배했지만, 마침내 324년 이후에는 역시 河南 진출을 도모했던 前趙와의 항쟁이 격화되었고

328년에 이르러 洛陽 주변에서 양국의 전면 충돌이 발생하였다. 이 싸움에서 前趙는 皇帝 劉曜가 친히 출전하여 洛陽을 포위한 것에 대해서 後趙도 石勒이 맞이하여 공격하여 쌍방 10만을 넘는 대군이 공방을 하였지만, 결국 石勒의 조카 石虎의 군사가 劉曜를 사로잡아서 後趙의 승리가 되었다. 石虎는 長安으로부터 서쪽으로 달아났던 太子 劉熙를 아서 서쪽을 정벌하고 329년 9월 上邽에서 그를 살해하고 前趙를 멸망시켰다.

山東에서부터 陝西와 甘肅 동부에 이르는 華北의 거의 전 지역을 지배하게 된 石勒은 330년 2월 趙天王이라 일컫고 뒤이어 9월에는 皇帝에 즉위하였으며 관료 기구도 다시 정비하였다. 그 이후 수년간은 高句麗와 鮮卑 宇文部 혹은 前涼이 사신을 보내서 後趙는 대외적으로도 영향력을 증대시키고 있었다.

333년 7월 石勒은 60세에 병으로 사망하고 둘째 아들인 石弘이 皇帝에 즉위하였다. 그러나 石勒의 華北 통일 사업에 커다란 공헌을 했던 石虎는 이것에 반발하고 그 자신의 세력을 배경으로 丞相 魏王 大單于로 실권을 장악하였다. 石氏 일족의 저항이 있었지만 石虎는 10월까지 그들을 평정하였고 334년 11월 石弘을 폐위하고 스스로 居攝趙天王의 지위에 올랐다. 335년 9월 石虎는 이전에 魏郡太守에 취임한 이래의 자신의 본거지였던 鄴으로 천도하여 도성의 건축을 감행하고 337년에는 다시 大趙天王에 즉위하게 되었다.

石勒의 시대 이래로 後趙의 동북방에는 鮮卑의 段部가 또 그 동방의 遼西에는 鮮卑 慕容部 세력이 대기하고 있었다. 338년 12월 石虎는 慕容部가 段部를 견제하기 위해서 石虎에게 원조를 구한 것을 기회로 段部 공격에 나서서 部長 段遼를 대파하고 段部를 멸망시켰으며 그 영역을 획득하였다. 그 결과 동북방에서는 새롭게 慕容部와 직접 국경을 접하게 되었고 慕容部 공격이 시도되었다. 그러나 그것은 실패로 끝나고 340년 9월에는 慕容部의 침공을 받게 되었으며, 段部의 옛 지역은 반대로 慕容部에게 점거되어 버렸다. 한편 서방에서는 343년과 347년에 前涼을 공격하고 또 남방에서는 여러 차례 淮水를 넘어서 東晉에 압력을 가했다. 內政 방면에서는 石勒과 石虎 시대를 통해 여러 제도를 정비하고 襄國과 鄴을 중심으로 徙民을 적극적으로 실행하였으며 鄴 등의 도성 건설을 강행하였다. 또 인구는 600만 명에 달했던 것으로 추정된다. 당시 鄴의 번영과 石虎의 호사스러운 생활 모습은 『鄴中記』라는 책에 기록되어 있다. 『鄴中記』는 일찍이 망실되었지만 그 일부가 唐代에 편찬된 『初學記』 등에 남겨져 있다. 그것에 의하면

> 石季龍(石虎의 字)은 襄國에서 鄴에 이르기까지 200里 마다 궁전을 세우고 각 궁전에는 부인 한 명과 시종하는 노비 수십 명을 살게 하였다. 季龍은 內外에 크고 작은 아홉 개의 궁전과 臺觀과 行宮 44개를 건설하였다.

라고 할 정도로 화려하였다.

그러나 後趙는 340년대 후반이 되자 정권 핵심부의 권력 투쟁이 격심해지고 국력은 쇠약해졌다. 石虎의 太子 石宣과 그의 동생 石韜의 대립을 시작으로 하는 형제간의 투쟁이 일어나고, 348년 4월 石宣이 石韜를 살해했기 때문에 石虎는 石宣을 처형하고 前趙 皇帝 劉曜의 딸과의 사이에서 태어난 아들 石世를 새롭게 皇太子로 임명하였다. 그 바로 후에 石虎는 병으로 쓰러졌다가 349년 1월 황제로 즉위하였고 아들 石遵과 石斌, 鎭衛大將軍 張豺 등에게 石世를 부탁하였다. 그러나 張豺는 石斌을 가두고 4월에 石虎가 위독하자 그를 살해하고 石世를 황제에 즉위시켰다. 石遵은 河內(河南省 沁陽市)로 도망쳤고 거기에서 반란 진압을 담당하던 부대에 옹립되어 반대로 鄴을 공격하여 함락시키고 石世를 폐하여 황제가 되었다. 이 쿠데타에서 石虎의 養孫子 石閔이 공적을 쌓았음에도 불구하고 石遵은 즉위 후 石閔을 배제하려고 계획했다. 그로 인해 石閔은 司空(三公의 하나)의 지위에 있던 친구 李農과 함께 石遵을 살해하고 石鑒을 황제에 즉위시켰다. 그러나 당연히 이 정권의 실권은 石閔과 李農이 장악하고 있었기 때문에 石鑒은 石閔과 李農의 배제를 기도했지만 그것은 실

패로 끝났다. 또 襄國에 있던 石鑒의 동생 石祇가 石閔과 李農의 살해를
꾀하려고 군사를 일으켰으며 後趙는 분열 상태에 빠졌다.

石氏 일족의 반발을 알아차린 石閔은 鄴의 漢族에 호소하여 20만 명
에 달하는 五胡의 학살을 단행하였다. 石鑒이 石閔에게 살해당한 것을 알
게 된 石祇는 350년 3월에 襄國에서 황제에 즉위하였다. 그 전의 2월에는
石閔은 鄴에서 魏의 황제에 즉위하였기 때문에 여기서 後趙는 분열했던
것이다. 石祇는 351년 2월에는 趙王으로 개칭하였고 4월에는 부하에게
살해당해서 後趙는 멸망하였다. 349년 4월부터 350년 3월까지의 사이에
世, 遵, 鑒, 祇와 4명의 황제가 폐립된 혼란 속에서 국가가 멸망하였다.

後趙 정권은 도성 건축과 後宮의 확장에 의하여 경제적 피폐와 帝室
내부의 대립 五胡와 漢族 간의 민족 분쟁 속에서 그 말로를 맞은 것이지
만, 華北을 거의 통일한 330년대부터 340년대 전반에 있어서는 石勒과
石虎라는 지도자 아래서 張賓 등의 漢人 지식인을 등용하는 등 국가 체
제를 정비하였고, 8王의 亂 이래로 혼란한 華北에 안정을 가져왔다. 後趙
의 지배 하에서 乞活 등의 流民은 정착하여 거주하였고 이주 정책에 의해
華北의 농업 생산도 회복되었던 것이다.

〈도표 14〉 後趙 계보도

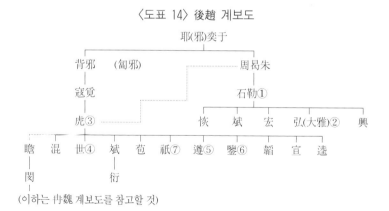

(이하는 冉魏 계보도를 참고할 것)

□ 冉魏

冉魏를 세운 冉閔의 아버지 冉良은 漢人이지만 어려서 乞活 집단에 참가하였다가 石勒에게 사로잡혀서 이름을 瞻으로 고쳤으며 뒤이어 石虎의 養子가 되었다. 따라서 그 아들 冉閔은 石虎의 養孫子에 해당하며 石閔이라 일컬었다. 石閔은 338년 이후 장군으로써 石虎 정권을 지탱하고 있었다. 349년 4월 石虎가 사망한 이후 後趙가 후계자를 둘러싸고 내란 상태가 되었을 때 石閔이 李農과 결합하여 石遵과 石鑒을 차례로 옹립하여 권력 장악을 목표로 한 것은 앞에서 기술한 바와 같다.

우선 그는 349년 5월 石遵를 옹립하고 石遵 정권 하에서 都督中外諸軍事 輔國大將軍으로써 병권을 장악하였다. 그러나 이 때 石遵과의 사이에 皇太子로 임명해준다는 약속이 있었음에도 불구하고 그것이 실현되지 않았기 때문에 두 사람 사이에 알력이 생겼다. 石遵은 11월에 石閔 배제를 목표로 하였지만 石閔은 반대로 石鑒을 속이고 石遵을 붙잡아서 살해하였다. 石閔은 大將軍이 되었고 大司馬가 된 李農과 함께 정권을 장악하였다. 그러나 12월 石鑒은 石閔과 李農을 밤에 습격하였다. 이것은 실패하였지만 襄國에 있던 石祇와 鄴에 있던 石成과 石啓가 차례로 石閔과 李農을 살해하려고 도모하는 등 그들에 대한 공세가 일제히 일어났다. 石閔 등은 간신히 이들의 공격을 물리쳤지만 이 과정에서 石閔과 李農은 石氏 일족을 중심으로 한 五胡의 배반을 인식하고 같은 달 鄴에서 五胡 10만 명의 학살을 단행했던 것이다. 그리고 다음 해 350년 윤달 2월 石閔과 李農은 石鑒을 살해하고 石虎의 손자 38명도 살해하였다. 石閔은 鄴에서 황제에 즉위하고 大魏를 건국하였으며 성씨도 冉으로 되돌렸다. 이 정권을 冉魏라고 일컫는다.

그러나 冉魏는 五胡 학살에 의한 五胡 세력의 배반 때문에 일찍이 後趙에서 벼슬을 지냈던 漢族만이 지탱하는 漢族 정권이 되었다. 게다가 정권이 형성된 직후에 冉閔이 친구 李農을 살해했기 때문에 정권을 지탱하는 세력은 상당히 한정되었다. 『晉書』「石季龍載記下」에 이르기를..

青州, 雍州, 幽州에서부터 이주해온 戶와 氐, 羌, 胡, 蠻 등 수백만 명이 각각 본토로 되돌아오기 시작했기 때문에 도로는 뒤섞어 혼잡해서 서로 살해하고 약탈하거나 굶주림과 병으로 사망하는 자도 많아서 본거지에 귀환할 수 있었던 자는 20~30%에 불과하였다. 漢族도 혼란으로 농경에 복귀하는 자도 없었다.

라고 기록되어 있다. 後趙 정권은 漢族과 五胡 쌍방의 세력 위에 성립되었기 때문에 冉魏 정권은 그 존립 기반의 절반을 잃은 것이다. 그러나 石祗를 공격하는 과정에서 冉閔이 아들 冉胤을 大單于로 임명하고 항복한 胡人 1,000명을 배치했던 것 등은 華北 사회에서 漢族과 五胡의 융합을 상징했다고 볼 수 있을 것이다.

冉魏의 지배 영역은 鄴 주변으로 한정되었고 襄國에서 皇帝라 일컬었던 後趙 石祗와의 대립에도 병력을 사용하지 않을 수 없었다. 또 漢人 정권을 표방하면서 스스로 정통성과 주체성을 강조했기 때문에 東晋과의 관계도 조정할 수 없었고 華北의 일반적인 漢族에 대한 구심력을 갖추기에는 이르지 못했다. 襄國에 의거했던 後趙의 石祗와의 대립은 351년 4월 冉閔과 내통한 石祗의 부하 劉顯이 石祗를 살해하였고, 그 후에 襄國에 의거했던 劉顯을 5월에 冉閔이 멸망시키기에 이르렀다. 그러나 그 밖의 방면에서는 冉魏 정권은 점차 빈곤한 상태가 되었고 351년 8월에는 河南 방면의 刺史들이 일제히 東晋에 귀순하였으며, 또 前燕에 항복하는 자도 속출하고 동방으로부터 中原을 목표로 했던 前燕의 공격 이전에 정권은 와해되어 갔다. 冉閔 자신은 前燕의 慕容儁에게 352년 4월에 魏昌(河北省 定州市)에서 패배하여 사로잡히고 龍城(遼寧省 朝陽市)으로 보내져서 살해당했다. 鄴에는 태자 冉智가 남았다가 東晋에 원조를 구했음에도 불구하고 결국 8월에 鄴은 前燕의 慕容評에게 포위되어 함락되었으며 冉智는 薊城(北京市)으로 보내졌다. 冉魏는 건국으로부터 불과 2년 반 만에 멸망했던 것이다.

〈도표 15〉 冉魏 계보도

□ 前燕

鮮卑는 3세기 중기에 몇 개의 부족이 성장해 있었지만 그 중에 가장 먼저 건국한 것은 慕容部이다. 慕容部의 시조로 기록된 莫護跋은 3세기 중기에 부락민을 거느리고 遼西에 정착하였고 曹魏의 公孫氏 토벌에 종군하여 공적을 쌓았으며 棘城(遼寧省 義縣) 북방에 정착하였다고 한다. 부족장의 지위는 慕容木延, 慕容涉歸로 계승되었고 涉歸 때에는 宇文部의 압력을 피하기 위해서 遼東 방면으로 이동했던 것 같다. 慕容廆는 269년에 涉歸의 아들로 태어났다. 涉歸가 사망한 후에 그의 동생 慕容耐가 뒤를 이어 慕容廆를 살해하려고 했으며, 慕容廆는 도망갔고 慕容耐가 부락민에게 살해당한 이후 285년에 遼東에서 慕容部의 부족장 지위에 즉위하였다.

慕容廆는 西晉의 遼西에 침입하거나 주변의 鮮卑 宇文部와 段部 및 夫餘와 다투면서 세력을 확대해 갔지만 오래지않아서 西晉에 복속하고 鮮卑都督의 지위를 얻었다. 慕容廆는 289년에 遼西 徒何의 靑山(遼寧省 錦州市)으로 이동하여 夫餘와 항쟁한 후 294년에는 棘城으로 이동하여 농경과 정착 생활을 시작하고 西晉의 제도에 의하여 사회의 안정에 노력하였다. 307년에 慕容廆는 鮮卑大單于라고 자칭하고 자립의 방향으로 나아갔다. 그리고 309년 12월 西晉의 遼東太守 龐本이 東夷校尉 李臻을 살해한 것으로부터 시작된 遼東의 혼란 시기에 慕容廆는 遼東의 질서 회복에 성공하고 遼東에서 중요 세력으로써의 지위를 굳혔다.

311년 永嘉의 亂으로 시작된 中原의 혼란에서는 遼西와 遼東 지방은

流民의 피난 장소로써 많은 漢族이 유입하였다. 그 당시 流民들은 慕容部와 함께 王浚과 平州刺史 崔毖 혹은 鮮卑 段部에 의지했지만, 慕容廆는 棘城 주변에 冀陽郡, 成周郡, 唐國郡, 營丘郡이라는 僑郡(流民을 수용하기 위해 설치한 것으로 기존의 행정구획과는 다른 郡)을 설치하고 적극적으로 대처하였기 때문에 일단 王浚 등에 귀속한 후 다시 慕容部로 귀속하는 漢人도 많이 있었다. 이 漢人들에 의하여 慕容部의 농경 기술의 진전과 中原 문화의 도입이 가능하게 된 것이다. 또 慕容廆는 漢人 流民과 토착 漢人들을 정권에 참여시켰고 謀主, 股肱, 樞要 등의 원초적인 관료 기구를 설치하고 독자적 정권 형성으로 나아갔다. 慕容部와 경합하는 세력 중 王浚은 314년에 石勒에 의해 멸망하였고 319년 12월에는 高句麗와 宇文部, 段部와 결합하여 崔毖를 격퇴하였으며 慕容部는 遼西와 遼東에서의 지배를 확립하였다.

慕容廆는 사망할 때까지 항상 西晉과 東晋을 존중하는 입장을 유지하고 있었고 317년 6월 東晋 司馬睿에 대하여 황제 즉위를 권하는 上書에도 이름을 써넣어 참여하였다. 慕容廆는 320년대에는 段部를 제압하고 서방으로부터 세력을 확대해 온 後趙에 대해서 東晋과 연대하여 대처하였으며 또 325년 宇文部와 연대했던 後趙의 공격도 물리쳤다.

333년 5월 慕容廆가 사망한 후 형제간에 계승 싸움이 일어났다. 世子 慕容皝이 뒤를 잇자 동생인 慕容仁이 반란을 일으키고 일시 遼東의 平郭(遼寧省 蓋州市)을 본거지로 하여 이복형 慕容翰과 宇文部, 段部 등 鮮卑의 여러 부락과 연대하여 慕容皝과 대립하였다. 이 반란은 2년 이상 계속되었지만 최후에는 慕容皝이 얼음이 얼은 바닷길로부터 慕容仁을 기습하여 평정하였다. 慕容皝은 337년 9월에 燕王으로 즉위하였고 백관의 설치 등 지배 체제를 정비하였다. 여기에 前燕이 성립한 것인데 前燕은 東晋의 皇帝權을 인정하고 東晋에 의한 燕王位 수여를 요구하였으며 이 것은 341년에 실현되었다. 337년 11월 공격을 강화하여 段部 대책으로써 後趙에 접근하는 계책을 채택하여 段部의 격퇴에는 성공했지만 338년 5

월 後趙는 수십만 군사로 진군하여 棘城을 포위하였다. 前燕 진영에서도
後趙에 호응하는 세력이 잇달았기 때문에 신하들은 慕容皝에게 항복을
권하였다. 그것에 대해 慕容皝은 "나는 천하를 얻으려고 하고 있다. 어떻
게 항복을 할 수 있겠느냐!"라고 말하며 아들 慕容恪에게 後趙 군사를 급
습시켜 위기를 모면하였다. 이 때부터 前燕에게는 中原 진출의 방향이 나
타나고 있었던 것이다.

그리고 340년 10월 前燕은 後趙의 薊城으로부터 高陽(河北省 蠡縣)
까지 침공하고 이전의 段部 영역을 획득하였으며 漢族을 포함한 3만여
戶를 획득하였다. 이리하여 中原으로의 발판을 얻은 慕容皝은 342년 10
월에는 龍城으로 천도하였다. 한편 동방에서는 高句麗와 대치했지만 339
년 9월의 공격 이후 342년에 高句麗에 대해서 대규모 공격을 단행하여 수
도 國內城(吉林省 集安市)을 파괴하고 高句麗王 釗(故國原王)의 부친
乙弗利(美川王)의 묘를 파헤치고 왕의 어머니와 아내를 사로잡았다. 그
결과 高句麗는 다음 해 사신을 보내 前燕에 복속하였다. 또 344년 1월에
는 宇文部를 급습하여 멸망시켰고 또 346년 1월에는 夫餘를 멸망시켰다.
이리하여 慕容部는 遼東과 遼西 방면에서 대항하고 있던 여러 세력 중에
서 段部, 宇文部, 夫餘를 멸망시키고 高句麗를 복속시켜 동북아시아의
강국으로써 지위를 구축하였던 것이다.

348년 9월에 慕容皝이 사망한 이후 그의 둘째 아들 慕容儁이 燕王에
즉위하였다. 慕容儁은 石虎가 사망한 이후 後趙의 혼란을 무릅쓰고 350
년 1월 20여만 명 대군을 거느리고 中原 공격을 시작하였으며 3월에는 薊
城으로 천도하였다. 그리고 後趙와 冉魏의 싸움을 틈타 진군하고 後趙
멸망 후인 352년 4월에는 冉閔을 사로잡았으며 또 수도 鄴을 함락시켰다.
後趙 영토의 동쪽 절반을 획득하고 中原 진출을 달성했던 慕容儁은 마침
내 같은 해 11월 中山에서 황제를 일컬었으며 元璽라는 연호를 정하고
東晉의 冊封體制(중국 왕조가 주변의 여러 민족과 君臣 관계를 맺는 것
으로 형성된 국제 질서)로부터 이탈하게 되었다. 이때까지 前燕은 東晉

황제의 종주권을 인정하고 東晋 황제에 의하여 燕王으로 책봉되는 입장
에 서 있었다. 그러나 慕容儁 스스로가 황제라고 일컬었던 것은 그가 東
晋의 황제와 대등한 지위에 있다는 것을 의미하였다. 慕容儁이 즉위할 때
前燕에 파견된 東晋의 사신에 대해서 그는 "나라(東晋)에 돌아가면 너의
천자에게 나는 황제의 자리가 공석으로 있었기 때문에 중국 사람들의 추
대를 받아 황제가 된 것이라고 전해주거라." 라고 말했다.

그 후 前燕은 後趙의 잔존 세력과 段部의 잔당을 평정하고 357년 11
월 鄴으로 천도하였다. 前燕은 中原에 군림하는 국가가 되었고 東晋 및
새로이 흥기한 前秦과 충돌하여 중국은 거의 三國 정립의 상태가 되었다.
前燕은 서서히 河南으로 지배를 확대했지만 영역 내에는 後趙의 계통을
이어받은 塢壁 집단 등이 잔존하였고 東晋, 前秦과 연대하여 반란과 복종
을 되풀이 하는 등 반드시 안정되어 있지는 않았다. 慕容儁은 東晋과 前
秦을 공략하여 중국을 통일할 의욕을 가지고 보병 150만 명의 징발을 도
모했지만 결국 실현되지 않았고 360년 1월에 사망하였다.

慕容儁이 사망한 후 그 아들 慕容暐가 황제에 즉위하고 太宰, 太傅,
太保, 太師, 太尉, 大司馬, 司徒, 司空이라는 소위 8公을 정점으로 한 지
배 기구를 구축하였다. 그러나 실권은 太宰가 된 慕容儁의 동생 慕容恪이
장악하였고 그러는 가운데 前燕은 서서히 남방으로 세력을 넓혀서 364년
8월에 洛陽을 획득하였으며 366년까지는 거의 淮北을 제압하였다. 慕容
恪이 367년 5월에 병으로 사망하자 실권은 太傅인 慕容評으로 옮겨졌다.

그러나 369년 4월 東晋의 실권을 장악한 大司馬 桓溫은 스스로 명성
과 권위를 높이기 위해서 그에게 있어 3번째 북벌을 감행했다. 東晋의 군
사는 京口(江蘇省 鎮江市)에서 북상하여 湖陸(山東省 魚台縣)을 지나
黃河 유역에 다다랐다. 그것에 대해서 前燕은 黃河 북쪽 기슭의 枋頭(河
南省 滑縣)로 퇴각하였다. 慕容暐는 龍城으로의 후퇴까지 검토했지만 叔
父인 慕容垂가 桓溫과 대치하였고 또 洛陽 동방의 虎牢(武牢, 河南省
榮陽市) 이서 지역의 할양을 조건으로 前秦에 원군을 요청하였다. 그러나

慕容垂가 거느리는 前燕 군사는 前秦의 원군이 도착하기 전에 桓溫의 군사를 물리쳤다. 前燕 핵심부에서는 별안간 慕容垂에 대한 평가가 높아졌으며 慕容評의 그것에 대한 반발에서부터 慕容垂의 배제가 논의되자 慕容垂는 前秦으로 도망가게 되었다.

　이리하여 前燕은 내부에서부터 붕괴해 가는 과정에서 王猛을 선두로 한 前秦의 공격을 받아 洛陽을 빼앗겼다. 또 370년 9월에는 6만 명의 병력에 의한 前秦의 전면적인 공격을 받았다. 前燕은 慕容評이 40여만 명의 군사로 대항했지만 晉陽(山西省 太原市)과 上黨(山西省 長治市)을 공격당하고 11월에는 苻堅이 친히 거느리는 정예 군사 10만 명에 의해 鄴은 함락되었으며, 慕容暐 이하의 鮮卑 4만 戶는 長安으로 끌려갔다. 이리하여 前燕은 멸망하였고 그 영역은 전부 前秦의 통치하에 편입되었다. 이때 苻堅은 鄴의 궁전에서 前燕의 戶籍을 입수하였는데 그것에 의하면 前燕의 인구는 998만 7,935명이었다. 대략 1천만 명이 前燕 전성기의 인구로 여겨진다.

〈도표 16〉 前燕 계보도

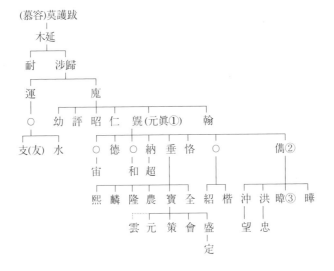

□ 前仇池

渭水 상류의 略陽에 거주하고 있던 氐族 중에 楊氏 집단은 後漢 말기에 楊駒에게 통솔되어 嘉陵江의 지류인 西漢水 상류의 仇池(甘肅省 成縣)로 이동했다고 한다. 그 후 楊飛龍의 시기에 略陽으로 되돌아왔고 또 楊茂搜 시기인 296년 齊萬年의 亂을 피해 다시 仇池로 이동하였다. 거기에서 楊茂搜는 輔國將軍 右賢王이라 일컬었는데 이것이 사실상 前仇池의 성립이 되었다. 楊茂搜는 4,000 家로 仇池로 이동하였다고 하지만 關中의 혼란을 피해 유입한 사람들을 흡수하면서 세력을 확대했기 때문에 西晉 정부도 그를 驃騎將軍 左賢王으로 임명하게 되었다. 前仇池는 西晉에 복속하면서 집단을 유지했던 것이다.

楊茂搜는 317년에 사망하고 아들 楊難敵이 左賢王을 계승하였고 그의 동생 楊堅頭가 右賢王이라 일컬으며 楊氏 집단은 양분되었다. 이 때에는 이미 西晉은 멸망했지만 陝西 서부에서부터 甘肅 동부에는 西晉의 잔존 세력과 西晉으로부터 자립한 陳安 등의 세력이 할거하였으며 또 姑臧(甘肅省 武威市)에는 前涼이 關中에는 前趙가 또 巴蜀에는 成漢이 각각 세력을 과시하고 있었다. 前仇池는 이러한 여러 세력의 충돌 속에서 집단의 유지와 확대를 도모하였다. 즉 한때는 陳安과 동맹을 맺었고 322년에는 前趙에 稱藩(신하로 따르고 諸侯가 되는 것) 하였으며 323년에는 成漢에 복종하고 또 成漢으로부터 떨어진 지역을 前趙에게 공격당했으며 다시 成漢에게 공격당하기도 하였다.

334년 楊難敵이 사망한 후에 아들 楊毅가 楊堅頭의 아들 楊盤과 함께 집단을 이어받아 東晉에 稱藩했지만 337년에 그는 族兄인 楊初에게 살해당했고 楊初는 仇池公이라 일컬으며 後趙에 복속하였다. 그러나 340년대 후반 後趙의 세력 약화와 東晉의 成漢 공격을 목격한 楊初는 이번에는 東晉에 稱藩하고 347년 10월에는 仇池公으로 임명되어졌다. 355년에 楊初가 내란으로 살해당한 후 前仇池의 통치자 지위는 楊國, 楊俊, 楊世, 楊纂 등 상태로 내분에 의해서 심하게 변동되었다. 그러나 東晉과

의 관계는 지속되어 모두 平羌校尉로 임명되었고 楊國 이외는 모두 仇池
公으로 임명되었던 것이다.

한편 前秦도 이 前仇池의 내부 항쟁에 적지 않게 관여하고 있었다.
前秦의 苻堅은 370년 楊統과 楊纂의 내분을 이용하여 前仇池를 공격하
였고 371년 4월에는 前仇池를 멸망시켰다. 楊纂은 그의 백성과 함께 關
中으로 옮겨져 살해당하고 仇池에는 楊統이 前秦의 南秦州刺史로써 주
둔하게 되었던 것이다.

〈도표 17〉前仇池의 계보도

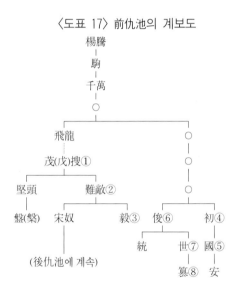

□ **前涼**

涼州(甘肅省)의 중심인 姑臧은 前漢 武帝가 武威郡을 설치한 지역으
로 曹魏 이래로 涼州의 통치 중심지로써 교통과 교역상의 요충지이고 또
목초지와 농경지로도 비옥한 토지였다. 前涼을 건국하게 된 張軌는 安定
烏氏(甘肅省 涇川縣)의 漢人 士族으로 집안에서는 대대로 고급 관료를
배출하였고, 그 자신도 西晉에 벼슬하여 太子舍人에서부터 散騎常侍로

순조롭게 지위를 상승시켜갔다.

8王의 亂이 격심하던 301년 1월 張軌는 護羌校尉 涼州刺史로 취임하여 姑臧에 주둔하였다. 당시의 涼州는 中原에 비하면 안정되어 있었지만 秦州(甘肅省 동부)와 雍州(陝西省)로부터 流民이 대량으로 피난하였고 또 鮮卑의 반란과 도적도 많아서 꼭 양호한 조건을 갖춘 토지만은 아니었다. 그러나 張軌는 어느 정도의 병력을 거느리고 부임했기에 涼州의 반란을 신속하게 평정하고 涼州 사회를 안정시켰다. 前涼의 건국을 어느 시점으로 간주할 것인가에 대해서는 301년 이외에 318년, 345년, 354년 등 여러 주장이 있다. 이것은 張氏가 명확히 독립을 표방한 시기가 거의 없었고 대개 西晉과 東晉의 신하로써의 태도를 취하고 반독립의 입장에서는 경우가 많았기 때문이지만, 張軌가 취임한 護羌校尉 涼州刺史는 이후 前涼의 지배자 칭호의 기본이 된 것으로 301년 張軌의 護羌校尉 涼州刺史 취임을 사실상의 前涼의 건국으로 간주해도 좋을 것이다.

張軌는 동쪽은 金城(甘肅省 蘭州市)에서부터 서쪽은 敦煌(甘肅省 敦煌市)에 걸친 지역을 지배하였고 姑臧의 서북에 武興郡을 설치하고 또 현재의 靑海省 民和回族土族自治縣에 晉興郡을 설치하여 流民을 이주시켰으며, 또 305년에는 鮮卑의 若羅拔能을 토벌하고 涼州의 질서를 회복시켰다. 그 결과 涼州는 "천하는 바야흐로 혼란해져서 피난할 수 있는 나라는 오직 涼土뿐이다."(『晉書』「張軌傳」) 라고 일컬어지는 것처럼, 永嘉의 亂 등 中原의 혼란기에는 그것을 피하는 漢族이 특히 洛陽과 關中으로부터 유입하는 피난 장소가 되었고 그것이 또 涼州의 생산력 향상으로 연결되었다. 涼州에 있어서 張氏의 지배는 張軌의 시대에 확립되었다.

314년 5월 張軌는 60세에 병으로 사망하고 아들 張寔이 뒤를 이었으며 西晉도 그를 涼州刺史 護羌校尉로 임명하였다. 張寔도 前涼 건국 이전에 西晉의 郎中으로 취임하였고 前涼 건국 후에는 姑臧에 이르렀던 경력을 가진 인물이었다. 316년 4월에 長安의 愍帝가 前趙로부터 공격을 당했을 때에는 張寔은 원군을 파견하고 또 東晉의 元帝(司馬睿)가 즉위할 때에는 강남으로 사신을 파견하여 황제에 즉위하도록 권하는 등 張軌와 똑같이 西晉의 충신으로써의 자세를 유지하였다. 그러나 張寔은 318년에 元帝가 즉위하여 太興이라 연호를 정하고 東晉이 성립한 후에도 西晉愍帝의 建興 연호를 계속 사용하였다. 張軌의 시대보다도 자립의 정도가 강했던 것이다.

　320년 6월에 劉弘의 종교 반란이 일어났다. 張寔은 그것을 재빨리 알아차리고 劉弘을 살해하였지만 劉弘과 내통하고 있던 부하 閻涉에게 살해당했다. 涼州 지배자의 지위는 동생 張茂가 계승하고 東晉도 그것을 승인하였다. 그러나 이 때 前趙가 長安으로 수도를 옮기고 關中 경영을 진행하고 있었기 때문에 前涼은 張茂와 충돌하게 되었다. 322년 2월에 前趙가 上邽를 거점으로 한 陳安과 싸우는 사이에 前涼은 黃河를 건너 隴西(甘肅省 隴西縣)와 南安(甘肅省 隴西縣)까지 진출하였고, 그 후 323년 7월에는 다시 黃河까지 후퇴하여 양국은 黃河를 사이에 두고 대치하게 되었다. 張茂는 前趙의 공격을 피하기 위해 前趙에 복속하였고, 前趙도 이것을 기뻐하여 張茂에게 涼州牧 護氐羌校尉 涼王이라는 칭호를 주었다. 이것은 前涼이 西晉과 東晉으로부터 얻은 칭호보다 단계가 높은 것으로 前涼은 이것으로 인해 東晉과 前趙 두 곳에 복속하는 형태가 되었다.

　324년 5월에 張茂가 병으로 사망하고 張寔의 아들 張駿이 뒤를 이었다. 東晉은 그를 涼州牧 護羌校尉 西平公이라 하였고 또 前趙는 涼州牧 涼王이라고 하였다. 東晉에 비해 前趙에서의 처우는 높지만 前涼과 前趙와의 관계는 결코 평온한 것이 아니었으며, 특히 326년부터 327년에 걸쳐서는 黃河를 사이에 두고 격심한 공방을 전개하였다. 그러나 後趙가 前趙를 멸망시킨 틈을 타서 前涼은 前趙가 지배하고 있던 黃河 남방의 狄道(甘肅省 臨洮縣)까지 진출하고 隴西로 진출한 後趙와 경계를 이루게 되었다. 張駿은 後趙의 군사 공격을 피하기 위해서 330년에 後趙에 稱藩함과 동시에 成漢에도 稱藩하여 後趙를 견제하였다. 張駿은 東晉에 대해서는 稱藩하여 사신을 파견했지만, 東晉의 正朔(曆)은 받들어 사용하지 않고 계속하여 西晉의 연호인 建興을 사용하여 독자성을 나타냈으며, 마땅히 王을 일컬어야만 한다는 신하의 권유에는 따르지 않았다. 그러나 국내에서 통상적으로 王이라 일컬었고 王國으로써의 제도도 정비하였다. 이 시기 張駿은 後趙, 成漢, 東晉에 稱臣하는 형태를 취하는 한편 실질적으로 독립의 입장을 취하는 매우 미묘한 상태를 유지했다고 할 수 있다.

張駿은 西域으로도 세력을 넓혀서 345년에는 타림 분지 동부까지 지배하였다. 이러한 영토 확대와 국력의 증대를 달성한 張駿은 涼州를 중심으로 하고 그 서부에는 沙州를 동부에는 河州를 두고 지방 지배 체제를 정비하였으며, 마침내 假涼王이라 스스로 일컫고 관직 명칭을 중국 왕조와 비슷하게 하였으며 왕국의 여러 형식을 정비하였다. 張駿은 22년간 그 지위에 있었고 정권은 안정되어서 前涼의 전성기를 맞이했던 것이다.

張駿은 346년 5월에 병으로 사망하고 둘째 아들인 張重華가 뒤를 잇고 張駿에 이어서 假涼王이라 일컬었다. 張重華에 대해서 東晉은 계속하여 涼州牧 護羌校尉로 임명하였지만 後趙는 어떤 조치도 하지 않았다. 양국 사이는 이미 적대 관계로 변해 있었던 것이다. 後趙는 張駿으로부터 張重華로의 정권 이행의 틈을 타서 涼州 침략을 기도하여 麻秋를 大將으로 하여 대규모 군사를 파견하였다. 그리고 後趙는 347년까지 黃河 동남쪽의 大夏(甘肅省 廣河縣)와 枹罕(甘肅省 臨夏市) 및 金城 등 요지를 빼앗고 黃河를 건너 姑臧에 이르렀지만, 前涼은 謝艾를 중심으로 반격하여 麻秋의 공격을 물리치고 涼州의 지배를 유지하였던 것이다.

353년 11월에 張重華가 병으로 사망하고 아들 張曜靈이 西平公이라 하며 즉위하였다. 그러나 10세인 張曜靈은 다음 달에 張駿의 장남인 張祚에게 폐위되어 살해당했다. 정권을 찬탈한 張祚는 처음에는 涼公이라 일컬었다가 354년 1월에는 황제라 일컫고 和平으로 연호를 바꿨다. 前涼은 처음으로 황제라 일컫고 독자적인 연호를 제정했던 것이다. 이것은 張駿, 張重華의 假涼王을 더한층 발전시킨 것이 되었고, 張祚의 시대가 前涼의 역사상 유일하게 형식적으로도 완전히 자립했던 시기가 되었다. 그러나 張祚는 枹罕에 주둔한 同族 張瓘의 세력을 우려하여 그를 제거하려고 했지만 반대로 355년 7월에 張瓘에 의하여 살해되었고 완전한 자립 체제도 불과 1년 반 만에 끝나게 되었다.

張瓘은 張重華의 아들 張玄靚을 즉위시키고 실권은 張瓘이 장악하였다. 張玄靚은 西平公이라 일컫고 王과 皇帝는 일컫지 않았으며, 和平이란 연호도 폐지하고 建興으로 되돌려서 東晉에 복속하는 태도를 취했다. 張玄靚이 즉위하여 張祚 시대의 혼란은 일단 수습되었지만 隴西에서 李儼의 반란과 西平(甘肅省 西寧市)에서의 衛綝의 반란 등이 잇달아 일어났고, 또 이 반란을 평정했던 張瓘 자신이 즉위를 도모하는 등 정권은 불안정했다. 대외적으로는 後趙를 대신해서 關中을 지배하던 前秦이 張祚와 張玄靚 교체기의 혼란을 무릅쓰고 압력을 가했기 때문에 356년 2월에 前涼은 前秦에도 복속하게 되었다. 張瓘은 359년 5월에 輔國將軍 宋混과 宋澄 형제에 의해 토벌 당했고, 송씨도 張駿의 작은 아들인 張天錫에게 361년 9월에 멸망당해서 張祚의 찬탈 이후의 혼란은 가까스로 수습되었다. 張天錫은 실권을 장악하고 361년 12월에 처음으로 東晉의 升平이라는 연호를 사용하는 등 東晉과의 연대를 강화하였다.

363년 7월 張天錫은 張玄靚을 살해하고 西平公이라하며 자립했지만, 영토는 새로이 흥기한 前秦에게 점차 압박당하여 黃河 이동의 영역은 거의 잃어버리고 약체화가 진행되었다. 張天錫은 東晉과의 연대에 의해서 前秦에게 대처했지만 376년 5월 苟萇, 梁熙, 姚萇 등이 거느리는 前秦의 군사가 黃河를 건너 북상해서 姑臧을 공격했기 때문에 8월에 그는 前秦에 투항하고 前涼은 결국 멸망했던 것이다. 또 張天錫은 前秦에 체포되었지만 淝水의 전투에서 前秦이 패배하자 東晉으로 도망갔고 406년에 建康에서 사망하였다. 또 張天錫의 世子 張大豫도 前秦에 붙잡혔지만 淝水의 전투 후에 禿髮部로 도망갔고, 386년에는 자립을 도모하였으나 결국 後涼에 의해 멸망하였다.

前涼은 301년부터 376년까지 정권을 유지하였고 인구도 370년대에는

100만 명을 초과하고 있었다고 추정된다. 十六國 중에서 가장 장기간 존속했던 이유는 완전한 독립국이라고는 말하기 어려운 그 나라만의 모종의 상태가 있었다. 그것은 통치자의 칭호와 연호의 사용 방법에서도 추측할 수가 있다. 張軌 이하의 前涼 지배자의 대다수는 西晉과 東晉으로부터 涼州刺史(牧) 護羌校尉로 임명되었고 또 320년에 張茂가 護羌校尉 涼州牧을 자칭한 이후 모든 통치자가 護羌校尉 涼州牧이라고 일컬었다. 이 시기 涼州에서 羌族의 움직임이 특별히 문제가 될 까닭은 없지만 曹魏에서부터 西晉 초기에 규정된 두 가지 관직의 겸임이 전통으로 되어 있던 것을 계승했던 것이다. 前涼에서 護羌校尉는 涼州牧과 함께 통치자의 涼州 지배에 부수적인 칭호화가 되었던 까닭이다. 그러나 그 사이 張駿이 345년에 假涼王이라 스스로 일컬었다. 張駿은 東晉으로부터도 假王에 임명되기를 원했지만 東晉은 "夷狄은 王이라 일컫는 것이 가능하지만 漢人의 異姓은 王이라 일컬을 수 없다."라고 하였고 張駿의 칭호는 西平公으로 고정되었다. 그의 지위는 張重華가 계승하였고 또 張祚는 涼州牧 涼公이라하여 즉위하였다. 張祚는 354년에 皇帝라 스스로 일컬었지만 355년에 살해당했으며 그의 뒤를 이어받은 張玄靚은 그 칭호를 護羌校尉 涼州牧 西平公으로 되돌렸다.

한편 연호에 대해서는 張軌 이후 당연한 것처럼 西晉의 연호를 사용하였지만 張寔은 318년에 東晉의 元帝가 즉위하여 太興으로 연호를 정했음에도 불구하고 계속하여 西晉 愍帝의 建興 연호를 사용하였다. 張祚는 즉위하여 皇帝라고 스스로 일컬음과 동시에 和平이라고 연호를 정했지만, 다음의 張玄靚은 西晉의 연호인 建興을 부활시켰고 또 361년에는 東晉의 연호인 升平을 사용하기 시작하였다. 그리고 東晉의 연호 변경에도 불구하고 升平을 계속 사용하였고 371년 東晉이 咸安으로 연호를 바꿀 때에 마침내 그것을 따랐으며 376년 멸망할 때까지 사용하였다.

이러한 통치자의 칭호와 연호의 사용 상황은 다른 十六國과 비교할 때 그 차이는 명백해진다. 즉 前涼은 張祚 시대의 매우 짧은 기간을 제외하고는 완전한 독립국이라고 말하기 어려운 것이다. 그 원인으로 생각할 수 있는 것이 우선 漢人 정권이라는 성격이다. 張氏는 安定을 본관(본적지)으로 하는 漢人이고 西晉의 관료로써 涼州에 부임하며 정착하였다. 涼州에서는 특히 敦煌의 宋, 陰, 氾, 張, 索, 令孤, 賈, 馬氏와 西晉의 田氏 등의 豪族에 의하여 유지되고 있었다. 이러한 배경을 가지고 있었기 때문에 西晉과 東晉과의 관계는 유지하지 않을 수 없었다. 또 그 동방에서는 항상 前趙, 後趙, 前秦이라는 五胡의 강대국과 충돌하고 있었는데, 그 공격에 대한 억제력이 될 수 있는 西晉과 東晉과의 관계를 유지할 필요가 있었다는 국제 환경도 있었을 것이다.

한편 자립성을 중시할 필요도 있었다. 東晉의 연호 변경을 그대로 받아들일 이유도 없었다. 그러나 그러한 정책은 동방의 세력이 前涼 이외의 항쟁 상대를 가지고 있던 경우에는 효과가 있지만 前涼에게만 그 힘을 기울였을 때에는 큰 효력을 발휘할 수 없었다. 결국 前涼은 서방에 군사력을 집중하는 것이 가능한 前秦에 의해서 멸망당하게 되었던 것이다.

〈도표 18〉 前涼 계보도

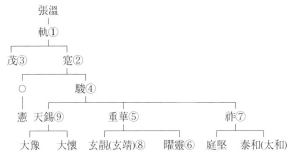

▫ 代

鮮卑 拓跋部는 西晉 武帝 시기에는 拓跋力微의 통치 하에 幽州의 서북방 盛樂(內蒙古自治區 和林格爾縣)에서 수만 家의 세력을 가진 부

족 연합 국가를 형성하고 있었다. 拓跋部는 西晉에 여러 차례 침입하였고 또 그 이간책을 받아들이고 있었으나, 拓跋力微는 277년 시기에 西晉의 幽州刺史 護烏桓校尉 衛瓘의 획책에 의해 울분으로 사망했다고 한다.

拓跋力微가 사망한 후 拓跋部는 약체화되었지만 3세기 말기에 拓跋力微의 아들 拓跋祿官이 계승하고 그 영역을 東, 中, 西 3部로 나누었으며, 현재의 河北省 동북부에서부터 內蒙古 自治區에 걸친 東部를 스스로 통치하였고 조카 拓跋猗㐌는 三合陂(內蒙古 自治區 涼城縣)의 북쪽을 中部로 하고 그의 동생 拓跋猗盧는 盛樂 주변의 西部를 각각 통치하게 하였다. 그중에서 中部는 中原에 가까웠기 때문에 西晉의 동향에 영향을 받았다. 즉 8王의 亂 때에는 다수의 漢族을 받아들였고 또 幷州刺史 司馬騰을 구원하고 劉淵, 石勒과도 싸웠다. 그러나 拓跋猗㐌는 305년에 拓跋祿官은 307년에 사망하였고 그 부락민을 흡수한 拓跋猗盧가 拓跋部를 통치하게 되었다.

拓跋猗盧도 西晉을 도와 劉淵의 침공을 막았고 그 공로에 의해서 310년 10월에 懷帝로부터 大單于 代公에 임명되었다. 이것이 代國의 시작이다. 代는 3만여 家의 세력을 과시하며 代郡(河北省 蔚縣)에서부터 雁門(山西省 代縣)에 이르는 山西 북부를 세력권에 편입시켰다. 拓跋猗盧는 西晉의 幷州刺史 劉琨과 형제의 언약을 맺고 세력 강화를 도모했으며, 前趙와 匈奴 鐵弗部와 싸우고 출병의 대가로써 西晉으로부터 동쪽의 代郡에서 서쪽의 朔方(內蒙古 自治區 烏拉特前旗)에 이르는 지역을 획득하였다. 拓跋猗盧는 또 盛樂을 北都로 平城(山西省 大同市)을 南都로 하는 중국식의 도성을 쌓았고, 漢人도 정권에 참여시켜서 지배 체제의 확립을 도모하였으며 315년 2월에는 西晉에 의해 代王으로 임명되었다.

316년 3월 拓跋猗盧는 南都에 주둔한 장남 拓跋六脩와의 사이에 격렬한 내전에 의하여 사망하였다. 이 항쟁에서 拓跋部 내부의 南北 양 세력 혹은 新舊 양 세력의 충돌이 있었던 것 같다. 그러나 拓跋六脩도 머지않아 拓跋猗㐌의 아들 拓跋普根에게 멸망당하고 또 拓跋普根도 사망하여 代는 커다란 혼란에 빠졌다. 338년에 拓跋什翼犍이 즉위하기까지의 기간은 劉琨과 鮮卑 宇文部, 後趙의 압력을 받았고 국내에서는 盛樂을 중심으로 하는 북부파와 平城을 중심으로 하는 남부파의 대립에 의해서 拓跋部는 분열 상태가 되었던 것이다.

338년 11월 拓跋猗盧의 동생 拓跋弗의 손자로 後趙에 인질로 있던 拓跋什翼犍이 왕위에 오르고 建國이라고 연호를 정했다. 그는 西晉을 모방하여 관료 기구를 정비하는 한편 여러 부락 大人과 豪族의 자제 중에서 재간 있는 자를 선택하여 측근에서 모시게 하는 등 부족 체제에도 배려하여 내부의 대립 해소에 힘을 기울였다. 대외적으로는 後趙와 친교를 맺고 또 前燕과는 339년 이후 지속적으로 通婚하였는데 이것은 前燕 멸망까지 계속되었다. 또 前秦과도 교섭을 가지는 등 中原을 지배한 세력과의 외교 관계에도 배려하고 있었다. 한편 북방의 유목민 高車에 대해서는 363년 10월과 370년 11월에 공격하여 크게 승리하였다. 이리하여 拓跋什翼犍은 그의 세력을 확대하고 무리 수십만 명을 거느릴 수 있게 되었다.

그리고 오르도스에서 代에 복속해 있던 匈奴 鐵弗部의 劉衛辰은 360 년경부터 前秦과도 교류하여 代와 前秦에 모두 복속하게 되었다. 365년 1월 拓跋什翼犍은 劉衛辰을 토벌하여 패배시켰으며, 또 367년 10월에는 다시 劉衛辰을 공격하고 그 부락민의 60~70%와 말, 소, 양 등 수십만 마리를 획득하였다. 劉衛辰은 前秦으로 도망갔다가 376년 10월 前秦 苻洛 군대의 선도가 되어 代의 공격에 참가하였다. 拓跋什翼犍은 그 전투 중에 병으로 쓰러져 12월에 雲中으로 되돌아 왔다가 아들 拓跋寔君에게 살해 당했다. 代는 이리하여 괴멸상태가 되었기 때문에 苻堅은 그것을 둘로 나누어 黃河 서쪽을 劉衛辰에게 黃河 동쪽을 匈奴 獨孤部 劉庫仁에게 지배하도록 하였다. 또 拓跋寔君은 長安(陝西省 西安市)으로 연행되어 처형당했다.

代는 현재의 內蒙古 자치구에서부터 山西省 북부를 지배하였기 때문에 華北의 항쟁에는 직접적으로 관여하지 않았고, 또 華北이 前趙와 後

趙 그리고 前燕과 前秦이라는 대립 상태에 있을 때에는 華北으로부터의 위협을 받는 것도 비교적 적었다. 그러한 조건 속에서 독립하였고 拓跋什翼犍의 시대가 되어서는 국가 체제를 정비하고 있었지만, 자신의 지배 하에 있었던 匈奴族에 대한 대우의 어려움과 苻堅의 華北 통일에 의한 압력으로 멸망했다고 말할 수 있다.

〈도표 19〉 代의 계보도

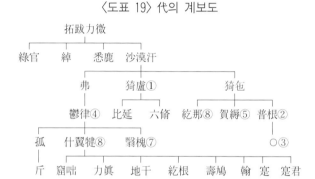

〈도표 20〉 嘎仙洞(內蒙古 자치구 鄂倫春自治旗에 있는 동굴)

동굴 내부의 석벽에 『魏書』에 전승되어온 비문이 새겨져 있다.
이 곳이 拓跋部의 원주지라고 생각된다. (촬영: 市來弘志)

제3절 前秦의 華北 통일과 淝水의 전투

▫ 前秦의 華北 통일

前秦을 건국한 苻氏는 略陽(甘肅省 秦安縣)에 거주한 氐族으로 처음에는 蒲氏라고 일컬었다. 永嘉의 亂 시기 蒲洪은 氐族의 맹주가 되었고 318년에는 前趙에게 복속하였으며, 또 329년에 後趙가 前趙를 멸망시키자 後趙에 복속하였다. 後趙 정권 하에서는 關中의 豪族과 羌族 대책에 관여하였고, 石虎가 즉위하자 龍驤將軍 유인도독으로써 부락민을 거느리고 枋頭에 주둔하였다. 349년 4월 石虎의 사망 이후 後趙의 혼란 시기에 蒲洪은 한때 東晋에 복속했지만 350년 2월 枋頭에서 大將軍 大單于 三秦王이라 일컫고 사실상 자립하였다. 이 때의 세력은 10만 명으로 일컬어지고 있다. 蒲洪은 성씨를 苻로 고치고 長安으로의 복귀를 꾀했지만 같은 해 3월 옛날에 石虎의 부하였다가 당시 苻洪의 지배 하에서 자립을 도모하던 麻秋에게 독살 당했다.

苻洪이 사망한 후 셋째 아들 苻健이 그의 지위를 계승하였고 三秦王은 폐지하여 東晋에 복속하는 태도를 보였는데 이것은 漢族의 지지를 얻기 위한 수단이었다. 당시 長安에서는 關中의 豪族 杜洪이 東晋의 雍州刺史를 일컫고 사실상 자립하고 있었다. 그러나 苻健은 아버지의 유지를 이어받아 서쪽으로 진출하여 杜洪을 격파하고 351년 1월 長安에서 天王大單于의 지위에 즉위하였으며 皇始로 연호를 정했다. 이것이 前秦의 건국이다. 그는 다음 해 352년 1월 황제로 즉위하고 大單于의 지위를 아들 苻萇에게 주었으며 지배 영역은 渭水 유역의 일부에 불과하였다. 354년 2월 東晋 조정에서의 권력 확립을 위해서 북벌을 도모한 征西大將軍 桓溫이 江陵(湖北省 荊州市)을 출발하여 동남쪽에서부터 關中에 침입하였다. 前秦은 關中 漢族들의 배반과 苻萇을 잃는 등 고전했지만 6월에는 그런대로 이것을 방어할 수 있었다. 그 이후 前秦은 關中 전역으로 세력을 확대시키고 지배 체제를 확립하게 되었다. 이 시기 苻健은 關中의 경제력을 단기간에 회복하기 위해서 豊陽(陝西省 山陽縣)에 關市(교역장)를 설치하고 東晉과의 통상 활동을 실행하는 등의 중상주의 정책을 사용하였다.

355년 6월 苻健이 사망하고 셋째 아들인 苻生이 황제로 즉위하였다. 苻生은 356년 2월에 前涼을 복속시키고 또 357년 5월에는 關中으로의 이동을 도모했으며, 定陽(陝西省 延安市)과 北地(陝西省 耀縣)의 羌族을 규합한 姚襄과 싸워서 그를 패배시키고 그의 동생 姚萇과 姚氏 집단을 복속시켰다. 그러나 苻生은 성격과 행동이 잔인했기 때문에 민심이 멀어지고 從兄弟인 苻堅이 일으킨 쿠데타로 357년 6월에 사망하였다. 苻生은 젊을 때부터 흉폭하고 술을 많이 마셨으며 즉위하고부터는 잔혹함은 더욱 심해졌고, 또 밤낮에 관계없이 술에 탐닉하였으며 쿠데타에 의해 사망할 때에도 만취 상태였다고 한다. 다만 이러한 기록은 傍系로부터 즉위한 苻堅의 정통성을 수립하기 위한 과장일 가능성도 있다.

그리고 苻生을 살해한 苻堅은 大秦天王이라 일컬으며 즉위하였다. 그는 어렸을 때보다 총명하고 박학다식했다고 일컬어졌으며, 즉위 후에는 학문을 장려하며 내정에 뜻을 두고 국력의 충실과 문화의 발전을 도모한 五胡十六國 시대 첫째가는 훌륭한 군주로 평가되고 있다. 苻堅은 즉위 후 漢人 宰相 王猛을 기용하여 중상주의로부터 전환하여 중농주의 정책을 실행하였다. 즉 세력이 강한 상인 趙掇의 이익을 억제하는 한편 關中의 관개 시설의 부흥과 長安을 시작으로 하여 關中으로의 匈奴와 鮮卑 등의 徙民을 전개하여 농업 기반의 정비에 힘을 기울였던 것이다. 또 관료 기구를 정비하고 법제를 정비하여 중앙 집권화를 추진하였다. 그 치세의 전반에 해당하는 360년대 중엽까지는 屠各과 匈奴, 羌族의 반란과 前燕과 前涼으로부터의 압력 및 苻氏 일족의 반란이 계속되었지만 마침내 368년경까지는 국내의 안정화에 성공하였다.

뒤이어 苻堅은 적극적인 대외 확대 정책을 전개하였다. 우선 370년 11월에는 직접 출전하여 前燕을 멸망시키고 中原에서부터 遼東까지의 영역을 획득하였으며 關東의 豪傑, 雜夷, 烏桓, 丁零 등의 사람들을 關中으로 徙民하였다. 이어서 371년 4월에 苻雅, 楊安 등을 파견하여 前仇池를 복속하였고, 376년 8월에는 苟萇, 梁熙, 姚萇 등을 파견하여 前涼을 멸망시켰으며 涼州를 확보하였다. 또 같은 해 12월에는 苻洛, 鄧羌 등을 파견하여 代를 멸망시켰다. 이 사이에 373년 9월에는 蜀을 東晉으로부터 획득하였다. 즉 前秦은 376년까지는 華北의 통일을 완성하였고 또 대외적으로는 朝鮮의 高句麗, 新羅에 조공을 바치게 하였으며 서남쪽의 靑海 지역에 있는 유목 국가 吐谷渾의 왕 碎奚에게는 安遠將軍 漵川侯의 지위를 주는 등 그 세력을 확대했던 것이다. 그 결과 사회는 안정되고 인구는 2,300만 명 전후에 다다랐다고 한다.

前秦의 번영한 모습은 다음과 같이 기록되어 있다.

永嘉의 亂 시기부터 학교도 없었으나 苻堅이 즉위하고 儒學에 관심을 가졌으며 王猛은 풍속을 정비하였다. 정치의 도리는 잘 드러났고 학교도 드디어 흥성하였다. 關隴 지역은 안정되고 백성은 풍족하여 즐길 수 있게 되었다. 長安에서부터 각 州에 이르기까지 모든 도로의 양 옆에는 회나무와 버드나무를 심었고 20里 마다 하나의 亭을 40里 마다 하나의 驛을 두었기에 여행자는 도중에서 필요한 것을 충분히 얻을 수 있었으며 수공업자와 상인은 길에서 판매를 할 수 있었다. 백성들은 이런 상황을 "長安의 큰 길에는 양쪽에 회나무와 버드나무가 심어져 있다. 그 아래에는 붉게 칠한 수레가 달리고 그 위에는 봉황의 일종인 난새가 집을 짓고 있었다. 뛰어난 사람들이 구름처럼 모여 우리 서민들을 가르친다."라고 노래 불렀다.(『晉書』「苻堅載記上」)

〈도표 21〉前秦, 前燕, 東晋의 정립

□ 淝水의 전투

華北 통일을 달성한 前秦에 있어서 중국 내부에서의 저항 세력으로 남은 것은 東晋 뿐이었다. 다만 東晋에 어떻게 대처할 것인가에 대해서는 前秦 정권 내부에 몇 개의 생각이 존재하였다. 예를 들어 王猛은 다음과 같이 말하고 있다.

> 東晋은 吳越 지역에 치우쳐 있지만 正朔을 계승한 정통 왕조입니다. 이웃 나라와 우의를 지키는 것은 국가의 중요한 일입니다. 臣이 죽은 후에도 東晋을 공격하지 않기를 바랍니다.(『晉書』「苻堅載記下附王猛傳」)

이것은 王猛이 苻堅에게 보내는 유언으로 275년의 발언이다. 이 말에서부터 王猛이 漢人 왕조 東晋을 정통 왕조로 인식하고 있는 것을 알 수 있으며, 한편으로 前秦 정권 내부에는 東晋 공격을 기도하는 자가 존재하고 있었다는 것도 알 수 있다. 그것은 天王 苻堅 자신이다. 『晉書』「苻堅載記下」에는 382년 苻堅의 말이 기록되어 있다.

　　　　내가 대업을 계승해 거의 20년이 되어 가고 있다. 달아나는 적을 진압하
　　　고 사방은 거의 평정했으나 다만 동남의 모퉁이에 아직 나에게 복종하지 않
　　　는 자가 있다.

　　동남의 모퉁이에서 복종하지 않는 자는 말할 것도 없이 東晉이다. 즉
중국 왕조로써 정통성은 前秦에게 있고 東晉은 본래 자신에게 복종해야
만 하는데 아직 그것이 실현되지 않은 것이다. 여기에 苻堅에 있어서의
東晉 공격의 필연성이 나타나고 있었다.

　　378년 2월 苻堅은 庶長子 苻丕에게 명령하여 12만 병사를 거느리고
襄陽(湖北省 襄樊市) 공격을 개시하게 하였다. 이미 東晉과의 공존을 주
장하던 王猛도 사망하고 東晉 공격에 대하여 구속하는 것은 없어져 버렸
던 것이다. 襄陽은 漢水에 연결된 수륙의 요충지로 옛날부터 군사, 통상,
교통의 중요 지점이었다. 당시 東晉은 監沔中諸軍事 南中郎將 梁州刺
史 朱序가 여기에 주둔하고 있었다. 前秦의 공격에 대하여 朱序도 잘 버
텼지만 379년 2월 마침내 襄陽은 함락되었다. 前秦은 또 동방으로 진출하
였고 5월에는 盱眙(江蘇省 盱眙縣)를 함락시켰으며 또 廣陵(江蘇省 揚
州市) 근처까지 육박하였다. 그로 인하여 東晉의 수도 建康(江蘇省 南京
市)의 백성들은 매우 두려워했지만, 兗州刺史 謝玄을 중심으로 반격하여
前秦의 군사를 淮水의 북쪽까지 밀어냈다. 그러나 이 일련의 공격에 의하
여 前秦은 淮水 이북과 襄陽의 지배를 확립했던 것이다.

　　382년 10월 苻堅은 신하들을 모아 강남을 친히 정벌할 계획에 대해서
신하들에게 의견을 구했다. 신하들의 의견은 반대론이 대세를 이루었고,
동생 苻融과 작은 아들 苻詵 또 苻堅의 믿음과 존경이 두터운 승려 道安
도 반대하였다. 그러나 苻堅에게는 천하 통일에의 의욕과 국경 지대에서
의 교전이라는 東晉 방면으로부터의 현실적 위협이 있었다. 또 병사 100
만 명을 보유하는 군사력에 대한 자부심도 있었다. 그래서 苻堅은 많은 반
대 의견을 무릅쓰고 東晉 공격을 결단하였던 것이다.

　　전투는 383년 5월에 前秦의 공격 의도를 안 東晉의 車騎將軍 桓沖에

의한 襄陽 공격과 輔國將軍 楊亮의 蜀 공격으로 시작되었는데 이것은 前秦이 막아냈다. 그리고 苻堅은 8월 마침내 본격적인 東晋 공격을 개시하였다. 征南將軍 苻融, 驃騎將軍 張蚝, 撫軍將軍 苻方, 衛軍將軍 梁成, 平南將軍 慕容暐, 冠軍將軍 慕容垂에게 25만 보병과 기병을 거느리게 하여 선봉에 서게 하고 자신은 戎族 군사 60여만 명과 기병 27만 명의 대군을 거느리고 長安을 출발하였다. 동방의 군사는 彭城(江蘇省 徐州市)으로부터 서방에서는 蜀과 漢中으로부터 長江과 漢水를 내려왔고 그리고 주력군은 潁水를 내려와 項城(河南省 沈丘縣)으로부터 建康을 목표로 하였다. 10월에는 苻融이 淝水에 가까운 壽春(安徽省 壽縣)을 공격하여 함락하였고, 또 梁成은 洛澗(淮水의 지류, 壽春의 동쪽)까지 진군하였다. 壽春은 建康의 西北西 약 200km에 위치하였다. 前秦 군사의 위협이 建康으로 밀어 닥쳤던 것이다. 대응하는 東晋은 宰相 謝安이 동생 征討大都督 謝石과 형의 아들 謝玄으로 하여금 수군과 육군 7만 명의 병력으로 대처하게 하였다. 謝石과 謝玄 등은 盱眙에서부터 洛澗으로 진입하여 梁成의 군사를 기습하여 梁成을 살해하고 淝水에 이르렀다. 苻堅도 壽春으로 나아가고 前秦의 군사는 壽春 동방의 淝水 서쪽 기슭에 진을 치고 東晋 군사와 대치하였다.

前秦의 군사는 東晋 군사의 병력을 과대하게 평가하여 東晋 군사에게 淝水를 건너게 하여 물가에서 공격하는 작전을 세웠다. 그러나 前秦의 군사가 淝水에서부터 후퇴할 즈음에는 군사의 대열이 흐트러지고 거기에 謝玄이 한 순간에 공격해 들어갔다. 前秦의 군사는 대혼란에 빠졌고 苻融을 잃었으며 군사의 70~80%가 전투에 패하여 사망하는 참패를 당했다. 苻堅 자신도 화살에 맞는 부상을 당하고 가까스로 淮水를 북쪽에서 건너서 오직 부상자가 한명도 없었던 慕容垂의 군대에 수용되는 처참한 상황이 되었다. 이것이 세간에서 말하는 淝水의 전투이다.

〈도표 22〉淝水의 전투

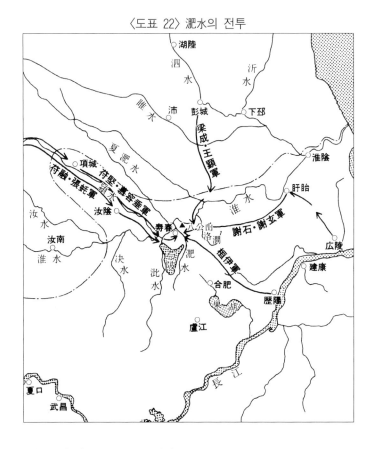

　建康의 東晋 조정에서는 謝安이 전쟁 상황의 진행을 걱정하고 있었다. 謝安은 전쟁 승리의 소식이 전해졌을 때 손님과 바둑을 두고 있었는데 그 소식을 접하고도 기뻐하는 얼굴도 보이지 않고 원래대로 바둑만 계속 두었으며, 손님의 질문에는 "애송이들이 적을 무찌른 것뿐입니다."라고만 대답할 뿐이었다. 그러나 손님이 돌아가자 나막신의 굽이 부러져 있는 것도 모르고 뛸 듯이 기뻐했다는 일화가 남아 있다. 東晋에 있어서도 淝水의 전투는 그 흥망을 좌우하는 전쟁이었던 것이다. 12월에 苻堅은 어떻게든 長安으로 돌아갈 수 있었지만 그의 華北 지배는 크게 동요하였고 慕容垂, 慕容冲, 姚萇 등이 자립으로 향했으며 華北은 다시 분열 상태에 이르게 되었다.

□ 淝水의 전투 이후의 前秦

苻堅이 淝水의 전투에서 패배하고 여러 세력이 다시 독립을 달성한 후에도 前秦 자체는 당분간 존속하였다. 그러나 慕容泓, 慕容沖이 華陰(陝西省 華陰市)에서 關中의 鮮卑 세력을 규합하여 새로이 세력을 증강시켜서 關中으로 진군하였고, 또 姚萇은 馬牧(陝西省 興平市)에 의거하여 後秦이라고 하여 자립하는 등 前秦의 지배는 한정되어 있었다. 苻堅은 그러한 세력에 응전하여 패배를 거듭하였고 또 그 혼란에 의해서 長安의 경제는 파괴되고 심각한 식량 부족에 처하게 되었다. 385년 5월 苻堅은 西燕의 慕容沖 세력을 두려워하여 長安을 탈출해서 五將山(陝西省 岐山縣 서북방)으로 도망갔으며 7월에는 姚萇의 군사에게 붙잡혔다. 苻堅은 姚萇에 의해서 그의 본거지인 新平(陝西省 彬縣)으로 연행되었고 姚萇의 禪讓(정권 양도) 요구를 거부했기 때문에 8월에 新平의 사찰에서 목매달아 살해되었다.

苻堅의 庶長子로 淝水의 전투 이후 鄴(河北省 臨漳縣)에 주둔하고 있던 苻丕는 慕容垂의 공격을 받았기 때문에 長安으로 향했다. 그리고 385년 8월에 長安으로 가는 도중의 晉陽에서 苻堅의 죽음을 알고 황제에 즉위하였다. 그러나 지배 영역은 河東 지역에 한정되었고 河北에 의거한 後燕의 慕容垂와 長安을 지배하는 西燕의 慕容永의 사이에 끼어 있어서 고전하였으며, 386년 10월 慕容永과의 전투에서 패배하여 東垣(河北省 新安縣)으로 도망갔고 거기서 東晉의 군사에게 공격당하고 사망했다.

그 당시 甘肅 동부에 의거하고 있던 姚萇의 세력과 대치하고 있던 苻堅의 손자뻘 苻登은 386년 11월 南安에서 苻丕가 사망한 소식을 듣고 황제에 즉위하였다. 그는 後秦과 전투할 때에는 苻堅의 보살핌을 얻기 위해서 항상 苻堅의 神主를 세우고 전투하였으며, 한 때는 胡空堡

(陝西省 彬縣)를 확보하여 長安을 위협하는 기세를 나타냈다. 그러나 394년 7월 苻登은 後秦 姚興과의 전투에서 패배하여 사망하고 아들 苻崇이 湟中(靑海省 西寧市)으로 도망가서 황제에 즉위했지만 10월에 西秦과의 전투에서 패배하고 전사했다. 여기서 前秦은 완전히 멸망했던 것이다.

前秦은 五胡十六國 시대에 있어서 유일하게 華北 통일에 성공한 정권으로 그 통치는 苻堅의 苻氏 종족에 대한 억제 정책과 여러 민족에 대한 우대 정책에 의해 특징지을 수가 있다. 367년에 苻堅의 동생 苻雙은 上邽(甘肅省 天水市)에서 苻健의 아들 苻柳, 苻庾, 苻武는 각각 蒲坂(山西省 永濟市), 陝城(河南省 三門峽市), 安定(甘肅省 涇川縣)에 의거하여 반란을 일으켰다. 이 반란의 배경에는 苻堅으로의 권력 집중에 대한 종실의 반발이었다. 또한 강남 공격이 한창때인 380년에는 苻健의 형의 아들인 苻洛이 龍城에서 반란을 일으켜서 薊城에서부터 中山(河北省 定州市)까지 혼란에 빠졌다. 苻洛의 경우도 처우의 불만에서부터 발생한 것이었지만 반란이 평정된 후 苻堅은 苻氏 일족을 시작으로 氐族 15만 戶를 여러 방면의 요지로 분산 이주시키는 정책을 채택하였다. 즉 아들 苻丕를 鄴으로 苻暉을 洛陽(河南省 洛陽市)으로 그리고 苻叡를 蒲坂에 주둔시켰던 것이다.

한편 苻堅은 멸망당하거나 복속해 온 세력의 우두머리 등 대부분의 사람을 살해하지 않고 반대로 관작을 주어 前秦 정권에 편입시키는 정책을 채택하였다. 예를 들어 羌族의 姚萇은 항복하자 揚武將軍으로, 前燕 멸망 이전에 망명해 온 慕容垂는 冠軍將軍으로부터 京兆尹(수도권 장관)으로까지 승진시켰고, 前燕 최후의 황제 慕容暐는 포로로써 長安으로 연행된 후 新興侯에 임명하고 邑 5,000 戶를 하사하였으며, 또 慕容暐의 동생 慕容冲을 平陽太守로 임명하고, 그 밖에 옛날 前燕의 王과 公에게는 전부 관직을 주었다. 또 前仇池의 楊統은 平遠將軍, 南秦州刺史로 前涼의 張天錫은 歸義侯로 각각 임명하였던 것이다. 게다가 그들의 대부

분은 前秦의 軍政에 종사하게 되었고 姚萇과 慕容垂, 慕容暐 등은 강남
을 공격할 때에도 군사를 거느리고 있었다.

　이러한 정책이 前秦 정권 하의 關中의 충실과 華北 전체의 안정에 관
련이 있다고 할 수 있고, 華北에는 氏族을 중심으로 羌族, 鮮卑, 匈奴와
漢族이 공존하는 사회가 출현하였다. 그러나 이러한 정책에 대해 前秦의
핵심부에서조차 의문을 가지는 자가 많았다. 예를 들어 苻堅의 동생 苻融
이 이르기를..

　　　폐하는 鮮卑, 羌, 羯을 총애하여 畿內에 살게 하고 있지만 동족은 먼 지
　　역에 옮겨져 있습니다. 지금 속세에 변란이 일어나면 국가는 어떻게 될까요.
　　都城에는 수만 명의 약졸밖에 남아 있지 않은데 鮮卑, 羌, 羯族은 무리를
　　지어 모여 있습니다. 이들은 모두 국가의 적이고 우리들의 원수인 것입니다.
　　(『晉書』「苻堅載記下」)

라고 기록되어 있다. 그러나 苻堅의 견해는,

　　　백성은 어루만짐에 순응하고 夷狄은 화목함에 순응한다. 天下를 합해서
　　一家라고 하는 것에는 동등하게 임금의 통치 하에서 그 은혜를 받는 백성으
　　로 간주해야만 한다.(『晉書』「苻堅載記上」)

라는 것이었다. 여기에 氏族이 지배하는 국가의 형태를 초월하고 민족의 틀
을 넘는 중국 통일의 이상을 볼 수 있는 것이다. 그러나 苻堅의 이상이 어디
까지 현실로 적용하고 있는지는 또 다른 문제였을 것이다. 淝水의 전투에서
의 패전을 계기로 여러 민족의 자립이 재개되고 華北은 五胡十六國 시대
후기의 극심한 분열 시대로 돌입하게 되었다.

〈도표 23〉前秦 계보도

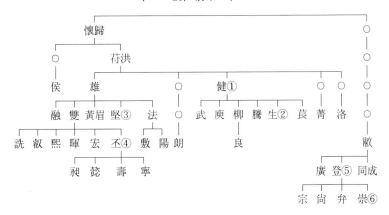

제4절 五胡十六國 시대 후기

〈도표 24〉 五胡十六國 시대 후기

□ **西燕**

前燕 최후의 황제 慕容暐의 동생 慕容泓과 慕容沖은 370년 11월 前
燕의 멸망에 의해 慕容暐 등과 함께 前秦의 수도 長安으로 연행되었고,
慕容泓은 前秦의 北地長史로 慕容沖은 北陽太守가 되었다. 淝水의 전
투에서 苻堅이 패하고 叔父인 慕容垂가 鄴으로 향하자 384년 3월 慕容
泓은 關東으로 도망가서 鮮卑 수천 명을 규합하여 華陰으로 돌아와 자립
하는 慕容垂를 따르는 형태를 취했다. 그 때 慕容沖은 河東에서 2만 명
을 모집하여 군사를 일으켰지만 苻堅의 군사에게 패배했기 때문에 慕容
泓의 진영에 합류하였다. 이리하여 慕容泓의 세력은 10만 명을 넘게 되었

다. 당시 長安에는 慕容暐가 건재했지만 慕容暐는 慕容泓에게 前燕의
재건을 부탁했기 때문에 慕容泓은 4월에 燕興이라고 연호를 고쳤다. 이
것이 西燕의 건국이다. 그러나 慕容泓은 6월에 신하에게 살해당하고 慕
容冲이 皇太弟로써 정권을 계승하여 長安으로 진군하였다. 그리고 12월
에 慕容暐가 苻堅에게 살해당했다는 소식을 듣고 慕容冲은 다음 해인
385년 1월 長安의 阿房에서 황제로 즉위하였다.

이와 같이 西燕은 關中으로 강제 이주 당했던 鮮卑를 주체로 건국하
였고 前燕을 계승하는 입장을 취했다. 西燕은 前秦과 關中에서 여러 차
례 충돌했지만 苻堅이 五將山으로 도망가고 또 慕容垂가 山東을 지배한
적도 있어서 慕容冲은 關中에 남아서 세력을 확립하려고 하였다. 그러나
휘하의 鮮卑族들은 동쪽으로 돌아가기를 희망했기 때문에 그들의 주장을
배경으로 하는 신하에 의해서 慕容冲은 386년 1월에 살해당했다.

慕容冲이 사망한 후 西燕의 지도자 지위는 반년도 지나지 않은 사이
에 段隨, 慕容顗, 慕容望, 慕容忠으로 교체되었으며, 386년 6월 慕容冲
의 먼 친척(慕容廆의 동생 慕容雲의 손자)인 慕容永에 의해 계승되었다.
그러는 사이에 3월에는 慕容顗가 40만 鮮卑族을 거느리고 長安을 탈출
하였고, 慕容忠 시기에는 聞喜(山西省 聞喜縣)에 도착한 慕容垂가 황제
라고 일컬은(後燕) 것을 알았다. 그래서 慕容永은 河東王이라 일컫고 慕
容垂에게 稱藩하였으며 前秦의 苻丕를 격퇴하기도 하였고, 9월에는 長
子(山西省 長子縣)로 진로를 바꾸고 황제에 즉위했던 것이다. 그러나 同
族의 일부가 後燕으로 달아나고 또 慕容永이 慕容儁과 慕容垂의 자손을
살해하는 등 동일하게 前燕의 부흥을 표방한 後燕과 정면에서 충돌하게
되었다. 西燕은 393년 이후 직접 後燕의 공격을 받았기 때문에 東晉과
北魏에게도 원조를 구했지만, 결국 394년 8월에 慕容永은 전투에 패배하
여 전사하고 後燕에 흡수되었던 것이다.

〈도표 25〉西燕 계보도

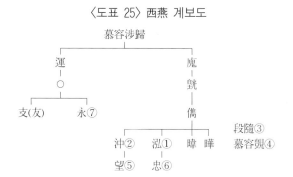

□ 後燕

前燕 황제 慕容皝의 다섯째 아들이며 前燕 최후의 황제인 慕容暐의 숙부에 해당하는 慕容垂는 前燕 말기에 東晋 桓溫의 공격을 물리친 공적이 있지만, 거꾸로 숙부 慕容評의 반발에 직면하여 살해당하려고 할 때 前秦으로 망명하였다. 그는 前秦의 天王 苻堅에 의해 前秦의 관작을 수여받아 前燕 공격 등에 참가하였고 관작도 京兆尹, 泉州侯까지 승진하였다. 383년 淝水의 전투에도 출전하였으며 前秦 군사의 붕괴 속에서 그의 군사만 패배하지 않았기 때문에 도망가는 苻堅을 수용하여 후퇴하였다. 그러나 어쩌면 그 단계에서 자립의 의지를 굳혔던 것 같고, 澠池(河南省 洛寧縣)까지 돌아왔을 때에 苻堅에게 鄴에 있는 조상의 능묘에 배알하고 아울러 戎狄을 어루만져 편안하게 할 것을 요청하여 허락을 받고 鄴에 이르렀다.

당시 鄴에는 苻堅의 庶長子인 苻丕가 주둔하고 있었는데 苻丕는 慕容垂를 鄴의 서쪽 교외에 주둔시키고 조상의 사당 배알은 허락하지 않았는데, 마침 丁零의 翟斌이 洛陽으로 다가왔다는 소식을 듣고 慕容垂에게 그 진압을 명령하였다. 慕容垂는 이것을 계기로 河內에서 세력 증강에 힘쓰고 翟斌도 복속시킨 결과 3만 세력을 거느리게 되었다. 그리고 384년 1월 滎陽(河南省 滎陽市)에서 燕王이라고 스스로 일컬으며 燕元이라고 연호를 고쳤다. 이것이 사실상 後燕의 건국이다. 慕容垂는 河北에서 苻조와 경합하면서 세력을 확장하고 河北 일대를 지배하며 中山을 본거지로 하였다. 그러나 그는 苻堅에 대해서는 은혜를 느끼고 있어서 여전히 前秦의 신하 입장에 있었고 게다가 慕容暐와 慕容沖의 존재를 이유로 완전 자립의 자세는 보이지 않았으며 신하들과 翟斌 등에게 즉위를 권유받았을 때에도 그것을 거절하였다.

그 후 慕容暐가 苻堅에게 살해당하고 또 苻堅이 姚萇에게 살해당한 이후 386년 1월에 비로소 慕容垂는 中山에서 皇帝라 일컫고 동생 慕容德과 여섯 째 아들인 慕容麟을 정권의 중추로 앉히는 체제를 구축하여 華北 지배에 적극적으로 나서게 되었다. 그리고 392년 6월에는 반란과 복종을 되풀이하던 翟魏를 뒤이어 394년 8월에는 前燕의 계승권을 둘러싸고 대립하고 있던 西燕을 멸망시켰으며 또 山東을 東晉으로부터 탈취하였다. 이리하여 後燕은 서쪽은 山西에서부터 동쪽은 山東과 遼東에 이르는 옛날 前燕의 영토를 능가하는 영역을 지배하였던 것이다.

華北에 있어서 대규모 세력을 형성하게 된 後燕에게 북방에서부터 영향을 미쳤지만 일찍이 前秦에게 멸망당한 代의 拓跋什翼犍의 손자에 해당하는 拓跋珪가 386년 1월에 건국한 北魏(처음에는 代라 칭하고 4월에 魏라 개칭하였다.)가 있었다. 처음에 後燕은 北魏와 연대하여 匈奴 劉顯의 세력과 西燕에 대항하였으며 양국은 빈번히 使節의 교환을 시행하였다. 그러나 北魏는 391년 7월에 慕容垂가 名馬를 요구한 것을 거부하고 반대로 西燕에 접근한 것에서부터 양자의 관계는 단절되었고 이후 河北 북부에서 여러 차례 충돌을 일으키게 되었다.

이것은 北魏의 세력이 확대되고 後燕과의 사이에 직접적인 이해관계가 생겼기 때문이지만, 慕容垂는 西燕을 멸망시킨 이후 395년 5월 太子 慕容寶 등을 파견하여 10만 병력으로 北魏 공격을 단행하였다. 北魏가 오르도스 지방으로 물러났기 때문에 양국의 군사는 黃河를 사이에 두고 대치하였고 10월에 기후 조건이 악화되었기 때문에 後燕의 군사는 후퇴하여 三合陂에 주둔하였다. 그러나 11월 기후의 급변으로 黃河가 갑자기 얼었기 때문에 北魏의 군사가 黃河를 건너서 三合陂의 後燕 군사를 급습하였다. 불의의 습격을 당한 後燕의 군사는 혼란에 빠져서 크게 패배하였고 붙잡히지 않고 멀리 도망간 자는 불과 10~20%에 지나지 않았다. 이것이 三合陂의 전투이고 이로 인하여 後燕과 北魏와의 力學 관계는 역전하게 되었다.

396년 3월 慕容垂는 친히 北魏의 平城을 공격하여 승리하였다. 그러나 돌아오는 도중에 三合陂에서 작년의 전투에 의한 사망자의 유해가 산처럼 쌓인 것을 보고 추도하는 의식을 실행할 때에, 전사자의 부모와 형제가 일제히 통곡했기 때문에 군사 전체가 큰소리로 울게 되었다. 慕容垂도 수치심으로 분노하여 피를 토하고 병을 얻었으며, 4월에 中山으로 돌아가는 도중에 上谷(河北省 懷來縣)에서 갑자기 사망하였다. 三合陂의 전투는 後燕의 운명을 좌우하는 전투였던 것이다.

慕容垂가 사망한 후 넷째 아들 慕容寶가 즉위했지만 국력의 약체화는 명백했다. 9월에 北魏는 幷州(山西省)를 획득하고 다시금 수도인 中山으로 육박하였다. 397년 2월 後燕 정권 내부에서는 慕容寶의 암살 계획이 일어났고 또한 慕容寶의 아들 慕容會, 同族의 慕容詳, 동생 慕容麟이 잇달아 반란을 일으켰기 때문에, 12월에 慕容寶는 中山을 탈출하고 龍城(遼寧省 朝陽市)으로 천도하지 않을 수 없었다. 또한 中山에서는 한때 자립했던 慕容麟이 北魏의 압력으로 10월에는 鄴으로 달아났고 결국 後燕은 中原의 영토를 잃었던 것이다. 398년 2월 慕容寶는 대책 없이 中山 탈환을 강행하다가 실패하였고 5월에 龍城으로 돌아갈 무렵에 외숙부 蘭汗에 의해 살해당했다. 蘭汗은 昌黎王이라고 스스로 일컬었기 때문에 後燕은 일단 멸망한 것이 되지만, 2개월 후인 7월 慕容寶의 庶長子 慕容盛이 蘭汗을 살해하고 張樂王인 상태에서 정권을 장악하고 後燕을 부흥했다. 그러나 後燕은 이미 遼東과 遼西 만을 지배하는 약소국으로 전락하게 되었다. 慕容盛은 10월에 정식으로 황제라 일컬으며 국력 부흥을 도모했지

만 실현되지 않았고 400년 1월에는 스스로 庶民天王이라고 호칭을 낮춰버
렸다.

401년 7월 慕容盛이 禁軍(近衛軍)의 반란에 의해 살해된 이후, 숙부
이며 慕容垂의 막내아들에 해당하는 慕容熙가 太后 丁氏에 의해 영입되
어 天王에 즉위하였다. 그러나 後燕은 北魏에 의한 압력과 무모한 高句
麗와 契丹(당시 遼西 북방에 있던 유목민) 원정을 반복하여 국력을 소모
하였고, 또 高句麗 등의 이주에 의한 遼東과 遼西 지역의 사회 구조의 변
화로부터 그 존립 기반을 약체화시켰다. 게다가 406년에는 遼東에 高句
麗가 진출했기 때문에 後燕의 지배 영역은 불과 龍城 주변의 遼西에 한
정되어 버렸다. 그리고 407년 7월 慕容熙가 漢人 中衛將軍 馮跋에게 살
해당하고 後燕은 완전히 멸망하였다.

〈도표 26〉後燕 계보도

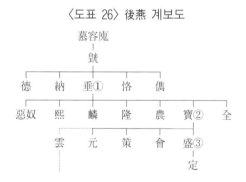

□ **南燕**

後燕을 건국한 慕容垂의 동생인 慕容德은 前燕 멸망 후 慕容暐 등
과 함께 長安으로 연행되어 前秦을 섬기고 있었다. 그는 淝水의 전투에는
奮威將軍으로써 참전했지만 그 후 慕容垂와 행동을 같이 하여 後燕의
건국에 기여하였으며, 慕容寶 시대에는 車騎大將軍 冀州牧으로써 鄴에
주둔하여 後燕의 남방 경영에 종사하였다. 北魏의 공격에 의해 慕容寶가
中山을 탈출하여 龍城으로 이동한 후 中山에서 한 때 자립했던 慕容麟

이 鄴으로 달아나자, 慕容德은 이들과 합류하여 398년 1월 4만 戶를 거느리고 남하하여 滑台(河南省 滑縣)로 이동하였으며 燕王이라 일컬었다. 이것이 사실상 南燕의 건국이지만 後燕이 존속하고 있었기 때문에 그들과의 관계는 미묘하였다.

그 후 慕容德은 東晋의 공격과 前秦의 잔여 무리 苻廣의 반란을 방어했지만 北魏의 압박이 격심하자 동방으로 이동하였고, 399년 8월에는 山東의 廣固(山東省 靑州市)에 이르러 여기에 도읍을 정하고 400년 1월에는 황제에 즉위하였다. 南燕은 북쪽의 北魏와 남쪽의 東晋 사이에 끼어서 영역은 齊魯 지방에 한정되고 인구도 적었지만, 慕容德은 戶籍을 정비하고 인재 등용에 힘쓰며 국력의 증대를 도모하였다. 그 무렵 東晋에서는 荊州에 기반을 둔 西部軍을 장악한 桓玄(桓溫의 아들)이 실권을 잡았고 403년 12월에는 황제에 즉위하며 楚를 건국했지만 404년 3월에는 建威將軍 劉裕(나중에 宋의 武帝) 등이 반격하여 桓玄은 전투에 패배하고 사망하였다. 이 혼란을 피해 南燕으로 망명한 자도 있어서 南燕은 병력 37만 명 인구 300만 명 가까이까지 달했다. 또 東晋 공격을 계획했지만 慕容德의 질병으로 인하여 중지되었다. 慕容德은 405년 8월에 사망하고 형 慕容納의 아들이자 太子인 慕容超가 즉위하였다.

慕容超의 아버지 慕容納은 前燕 멸망 후 前秦을 섬기고 있었다. 淝水의 전투 이후 慕容納의 동정은 알 수 없지만 아내 段氏는 慕容垂가 자립했기 때문에 前秦에 사로잡혔다. 그러나 그 후에 그녀는 탈출에 성공하고 羌族 부락으로 도주하던 중에 慕容超를 낳았던 것이다. 慕容超는 그 후 後涼과 後秦 등 여기 저기 떠돌아다니다가 드디어 南燕 건국 후에 山東에 이르렀다고 한다. 바로 4세기 후반부터의 慕容部의 격심한 이동을 구체적으로 경험한 인물이다.

즉위 후에 慕容超는 慕容德 정권 이래의 핵심 인물인 慕容鍾 등을 제거하면서 지배 체제의 구축에 실패했기 때문에 北魏와 後秦으로 달아나는 자가 속출하였다. 대외적으로는 後秦에 稱藩하고 淮南으로의 진출을 도모하였으며 409년 2월에는 宿豫(江蘇省 泗陽縣)를 함락시켜서 주민 2,500명을 납치했지만 세력 확대로는 연결되지 않았다. 東晉에서는 桓玄의 반란을 진압했던 劉裕가 車騎將軍으로써 실권을 장악하고 있었지만, 그는 3월에 스스로 출전하여 南燕 공격을 시작하였고 6월에는 廣固를 포위하였다. 慕容超는 後秦에 원군을 요구했지만 後秦 자신도 夏의 공격을 받고 있어 이루어지지 못했다. 410년 2월 廣固는 마침내 함락되었고 慕容超는 劉裕에게 사로 잡혔으며 南燕은 멸망하였다. 그리고 慕容超는 建康으로 연행되어 살해당했다.

〈도표 27〉南燕 계보도

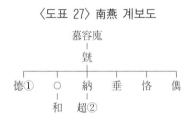

▫ 北燕

　　後燕의 中衛將軍이었던 馮跋은 407년 7월 後燕의 황제 慕容熙를 살해하고 慕容雲을 龍城에서 天王으로 옹립하고 실권을 장악하였다. 이것이 北燕의 건국이다. 慕容雲은 342년 前燕에 의한 高句麗 공격 이후에 遼西로 옮겨간 高句麗人의 후예로 後燕 慕容寶의 養子가 되었지만 즉위 후에 성씨를 高氏로 바꿨다. 한편 馮跋은 長樂(河北省 冀州市)의 漢人으로 조부 馮和의 시기에 永嘉의 亂을 피해서 上黨으로 이주했으며, 부친 馮安은 西燕의 장군이었지만 西燕이 멸망한 후 一族은 龍城으로 이동하였다. 즉 北燕은 後燕 정권 하의 漢人과 高句麗人에 의해서 수립된 정권이었다. 北燕의 건국 시기에 대해서는 馮跋이 天王으로 즉위한 409년으로 보는 설이 있다. 그러나 鮮卑 慕容氏의 지배가 끝나고 漢人 馮跋이 실권을 장악하였으며, 高句麗人 高氏가 天王의 자리에 오르고 게다가 나

라 이름을 大燕으로 일컬은 것을 고려하면 高雲의 정권부터 北燕 시대로
봐야할 것이다.

北燕은 영토로는 後燕을 계승하여 遼西를 지배하였다. 高雲이 高句
麗人이었던 것으로 보아 高句麗와의 관계는 後燕 시대에 비하면 호전되
었지만, 건국 직후에는 後燕의 幽州刺史로서 遼西에 있던 慕容懿가 北
魏에 항복하는 등 北魏와의 관계는 긴박해 있었다. 그리고 409년 10월에
高雲은 총애하는 신하 離班과 桃仁에게 살해되었고 馮跋이 그 혼란을 진
정시키고 스스로 天王에 즉위하였다.

馮跋의 정권은 馮氏 일족 이외에 주로 漢人에 의해 구성되었지만 발
족 당시에 큰 공을 세웠던 사촌형 馮萬尼와 사촌형의 아들인 馮乳陳이
처우를 불만으로 반란을 일으켰다가 살해당해서 정권 핵심의 일부를 잃게
되었다. 대외적으로는 서방의 강대국 北魏와의 관계가 큰 문제가 되었지
만 馮跋은 東晉과의 교류를 도모하였고 또 당시 몽골 고원을 지배한 유목
민족 柔然과의 사이에 통혼 관계를 구축하였으며, 다시 契丹과 庫莫奚(몽
골 동부에서 수렵과 유목 생활을 행하고 있던 민족) 등의 북방 세력과 교
류하는 것으로 대처하였다. 그러나 北魏에 대해서는 北魏의 使臣을 체포
하는 사건을 두 번이나 일으키는 등 대립적인 자세를 취했기 때문에 416
년 이후 군사 공격을 받게 되었다. 다만 北魏가 그 서방의 夏를 공격하는
것을 우선으로 하고 있는 등의 이유로 즉시 전면적인 공격을 당하지는 않
았지만 양국은 긴장 관계로 변했다. 馮跋은 430년 9월에 병을 얻자 차남
馮翼에게 나라 일을 맡겼지만 자신의 자식을 세우려 했던 姜 宋氏의 반
발을 사서 외부와의 접촉을 차단당했다. 거기에서 동생 馮弘이 宋氏에게
대항하여 궐기하였고 馮跋은 그것에 충격을 받고 사망하였으며 天王의
지위는 馮弘에게 이어졌다.

한편 431년에 夏가 멸망하여 서방의 근심이 없어진 北魏의 太武帝는
432년 이후 매년 北燕 공격을 전개하고 또 北燕의 영토에서 徙民을 시행
하였으며, 또다시 北燕의 후계자 싸움에서 패배하여 도망해 온 馮弘의 世

子 馮崇을 遼西王에 임명하고 망명 정권을 만들게 하여 北燕을 견제하였
다. 이것에 대해서 馮弘은 南朝의 宋과 연대 강화를 시도하여 435년 1월
에는 宋의 속국이 되었지만 효과가 없었고 436년 3월 北魏의 대공세에 의
해 위험에 처해졌으며 4월에는 高句麗로 망명하여 北燕은 멸망하였다.
高句麗로 도망간 馮弘은 또다시 宋으로의 도망도 도모했지만 北魏의 압
력을 받은 高句麗에 의해서 438년 3월에 살해 되었다.

〈도표 28〉北燕 계보도

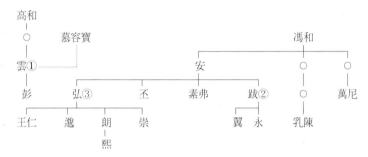

〈도표 29〉永固陵(北魏 文明太后 馮氏의 陵)

馮氏는 馮弘의 손녀로
北魏 太武帝의 손자 文成帝의 황후가 되었다.

◦ 翟魏

丁零族의 일부는 西晉 초기에 중국 내지로의 이동을 시작하였고 4세기 초에는 中山, 常山(河北省 石家莊市)을 중심으로 하는 지역에 翟氏의 집단이 거주하고 있었던 것으로 보인다. 翟氏는 後趙의 石勒에 복속되었고 또 前燕의 지배를 받았으며 371년에는 前秦의 苻堅에 의해 新安(河南省 義馬市), 澠池로 이주하였다. 淝水의 전투에는 族長인 翟斌도 종군했지만 前秦이 패배하자 翟斌은 河南으로 돌아왔고 12월에는 낙양으로 쳐들어갔다. 그러나 慕容垂에게 공격당했기 때문에 翟斌은 慕容垂에게 복속되었고, 384년 1월에 後燕이 건국되자 河南王에 임명되어졌으며 苻丕가 지키는 鄴을 공격하는 전투에도 참가하였다. 그러나 後燕에서의 처우를 둘러싸고 翟斌 형제와 慕容垂 일족 사이에 대립이 생겼으며 苻丕와 내통한 翟斌의 무리는 慕容垂에게 살해당했다. 그 당시 翟斌의 조카인 翟眞은 북으로 도망가서 中山 근처의 承營에 주둔하였으나, 385년 4월에 翟眞은 부하에게 살해당했고 7월에는 翟氏 집단의 중심은 後燕 군사에 의해 진압되었다.

翟眞이 사망했을 때 그 아들 翟遼는 일부의 丁零族을 거느리고 黎陽(河南省 浚縣)으로 도망가서 세력 회복에 힘썼다. 그리고 386년 1월 東晉의 黎陽太守 滕恬之를 살해하고 黎陽의 실권을 장악하였으며 淝水의 전투 이후 東晉이 지배하고 있던 泰山(山東省 泰安市), 高平(山東省 單縣), 譙(安徽省 亳州市), 陳 등의 黃河 이남의 지역으로 세력을 넓혀갔다. 後燕이 이것을 공격했던 것에 대해서 翟遼는 반란과 복종을 반복했지만 388년 2월 마침내 魏天王을 일컫고 建光으로 연호를 바꾸고 자립하였다. 이것이 翟魏이다.

翟魏의 영역은 黎陽을 중심으로 한 매우 제한된 범위에 지나지 않았지만 丁零族의 3만 8,000 戶를 가진 국가가 中原의 한쪽 모퉁이에 존재했던 것 자체가 華北의 다양성의 증거로서 주목 받아야만 할 것이다. 翟遼는 곧 後燕의 공격을 피하기 위해서 수도를 滑台로 옮겼고, 또 영토 확

대를 목표로 하였지만 後燕과 東晉의 사이에 끼어서 발전의 가능성은 적
었다. 391년 10월 翟遼는 병으로 사망하고 아들 翟釗가 뒤를 이었다. 翟
釗는 後燕이 지배하는 鄴을 공격했다가
패배하여 후퇴하였고, 392년 6월에는 後
燕 황제 慕容垂의 공격에 의해 滑台는
함락되고 翟魏는 멸망하였다. 翟釗는 西
燕의 長子로 달아났지만 다음해 반란을
일으켰다고 간주되어 살해당했다.

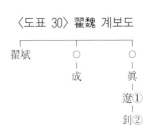

〈도표 30〉 翟魏 계보도

▫ 後秦

羌族 姚氏 집단의 기초는 姚弋仲에 의해 견고해졌다. 姚弋仲은 赤亭
(甘肅省 隴西縣) 출신으로 永嘉의 亂 때 수만 명의 羌族과 漢族을 거느
리고 楡眉(山西省 千陽縣)로 이동하였지만 그 집단에는 이미 漢族이 포
함되어 있었다. 323년 前趙가 甘肅省 동부로 진출했을 무렵에는 姚弋仲
은 前趙에 귀순하였고, 또 329년에 石勒이 前趙를 멸망시켜 關中이 그
지배 하에 들어가자 後趙에 복속하였다. 뒤이어 333년에 石勒이 사망하고
石虎가 실권을 잡자 姚弋仲은 수만 명의 부락민을 거느리고 淸河(河北省
淸河縣)로 이주하였다. 이 시기의 이주는 秦州(甘肅省 동부)와 雍州(山西
省)의 豪族을 關東으로 옮겨야만 한다는 姚弋仲의 건의를 石勒이 받아들
인 것으로, 이 이후 後趙가 멸망할 때까지 姚氏 집단은 中原에 있으면서
後趙를 지탱하게 되었다.

冉魏의 자립에 의한 혼란에서는 姚弋仲은 後趙에 가세했지만 351년
4월에 後趙가 멸망하자 11월에는 東晉에 복속되었다. 姚弋仲은 그 직후
인 352년 3월에 사망하고 그의 아들 姚襄이 집단을 계승하여 6만 戶를 거
느리고 淸河를 떠나 남하했지만 前秦의 군사와 전투에서 패하여 3만 戶
를 잃었다. 姚襄은 이럭저럭 譙에 이르렀지만 북벌을 둘러싸고 東晉의 揚
州刺史 殷浩와 대립하여 354년 3월에는 前燕에 귀순하였다. 그리고 355

년 4월에 大將軍 大單于를 일컬으며 자립하여 隴西의 옛 지역으로 돌아
갈 것을 결단하고 許昌(河南省 許昌市)과 平陽(山西省 臨汾市)을 지나
關中 침입을 도모하였다. 그러나 357년 5월 前秦의 장군 苻堅과 三原(山
西省 三原縣)에서 싸워 패배하여 사망하고 집단은 동생 姚萇이 뒤를 이
었다. 姚萇은 집단을 거느리고 前秦에 복속하였고 그 자신은 前秦의 장군
으로서 前涼 공격과 東晉의 襄陽 공격 등으로 활약하였으며 淝水의 전투
에도 출전하였다.

淝水의 전투에서 前秦의 패배는 姚氏 집단에게 있어서도 자립의 호
기가 되었다. 먼저 華陰에서 자립한 鮮卑 慕容泓의 진압에 실패한 姚萇
은 384년 4월 前秦 苻堅의 성냄을 두려워하여 渭北의 馬牧으로 도망가
서 大單于 萬年秦王을 일컫고 白雀으로 연호를 정하고 자립하였다. 이것
이 後秦의 건국이다.

後秦의 성립에는 羌族과 함께 天水(甘肅省 天水市)의 尹氏와 南安
(甘肅省 隴西縣)의 龐氏 등의 漢人 豪族이 크게 관련되었고 거기에 匈
奴 등의 세력이 더해져서 정권이 구성되었다. 당시 西燕의 慕容沖이 長
安 진출을 꾀하고 있었으나 姚萇은 慕容沖과 연대하여 北地에 거처하면
서 세력을 증강하였고 또 新平, 安定 등의 渭水 북부 지역의 지배를 확립
하고 있었다. 또 姚萇은 385년 7월에 慕容沖에게 쫓겨서 長安에서 탈출
한 苻堅이 五將山으로 진입하는 것을 붙잡아서 8월에 살해하였다. 386년
3월 西燕이 長安으로부터 동쪽으로 돌아가자 長安은 권력의 공백 상태가
되었다. 거기서 姚萇은 곧 長安으로 입성하여 황제에 즉위하고 국호를 大
秦이라 하였으며 長安을 常安으로 이름을 바꿨다. 姚萇은 이렇게 前秦을
대신하여 關中의 지배자로서 지위를 확립했던 것이다. 그러나 前秦의 잔
재 세력을 거느린 苻登과 격렬한 항쟁을 반복하지 않으면 안 되었기에 영
토적으로는 대략 關中을 지배하는 것에 그쳤던 것이다.

393년 12월 姚萇은 長安에서 병으로 사망하였고 長安 서쪽의 始平
(陝西省 興平市)에서 苻登과 교전 중이었던 큰아들 姚興은 喪事를 감추

고 전투를 계속하였으며, 漢人 참모 尹緯의 활약으로 苻登을 서쪽으로 달아나게 한 후 394년 5월에 始平의 槐里에서 황제에 즉위하였다. 그리고 姚興은 394년 7월에는 涇陽(甘肅省 平涼市)으로 진격하여 苻登을 살해하고 뒤이어 陝西 서부 渭水 상류의 여러 세력도 평정하여 甘肅 동부로의 진출의 길도 열었던 것이다.

400년 7월 姚興은 叔父 姚碩德을 파견하여 苑川(甘肅省 楡中縣)으로 천도했던 西秦을 공격하고 일시 南涼으로 도망가 있던 西秦王 乞伏乾歸가 長安으로 와서 항복하자 河州刺史 歸義侯로 임명하고 西秦을 속국화 하였다. 姚興은 또 401년 7월에도 姚碩德을 파견하여 姑臧(甘肅省 武威市)을 공격하였고 9월에는 後涼을 복속시켰으며 403년 8월에는 南涼과 北涼의 공격을 받은 後涼의 呂隆을 長安에서 맞이하였다. 이렇게 하여 姚興은 姑臧을 획득하고 漢人 王尙을 涼州刺史로 임명하였으며 涼州(甘肅省)의 직접 경영에 적극적으로 나섰다. 그 동안 西涼, 南涼, 北涼이 朝貢하였고 게다가 404년 2월에는 南涼이 後秦을 두려워하여 스스로 신하로 복종하였기 때문에 後秦은 涼州에서의 중심 세력으로서의 지위를 확립했던 것이다.

姚興은 동쪽으로도 세력을 확대하였다. 396년에는 西燕의 옛 지역의 일부인 河東을 획득하였고 또 399년 7월에는 동생 姚崇과 楊佛嵩을 파견하여 東晉이 지배하는 洛陽을 공격하였고 10월에는 洛陽을 함락시켰으며 또 淮水와 漢水 이북의 지역을 획득하였다. 또 5세기 초에는 東晉으로부터 桓玄에 반대하는 세력의 귀순도 이어진 결과 세력은 크게 확대되었던 것이다. 이 시기가 後秦의 전성기이고 인구는 약 300만 명에 달했다.

그러나 後秦은 동북방에서 中山을 획득한 北魏의 진출로 고심하게 되었다. 402년 5월 姚興은 동생 姚平을 파견하여 北魏가 지배하는 平陽을 공격하였다. 이것에 대해 北魏는 道武帝(拓跋珪)가 직접 출전하여 平陽 남부의 柴壁에서 姚平을 포위하였다. 거기서 後秦도 姚興이 친히 출격했지만 姚平을 구출하는 것이 불가능했고 姚平의 부대는 전멸하였다.

이것이 柴壁의 전투인데 이 전투로 인하여 北魏와 後秦의 역학관계는 역전되었고 이 때부터 後秦의 쇠퇴가 시작되었다.

北魏와의 관계는 407년에 개선되었지만 이번에는 後秦의 安北將軍으로 朔方에 주둔하고 있던 赫連勃勃이 같은 해 6월 高平(寧夏 回族自治區 固原縣)을 습격하고 자립하여 夏를 건국하였기 때문에 後秦은 오르도스부터 陝西 북부에 이르는 영토를 잃었다. 또 서방에서는 西秦이 409년 7월에 다시 자립하였기 때문에 涼州에서의 우세한 위치도 잃게 되었다. 이 시기 後秦은 夏와 西秦의 자립을 추인할 수밖에 없었다.

그 후에 夏의 압박과 後仇池의 반란 또한 劉裕가 실권을 장악한 東晋의 반격으로 고심하던 중에 姚興은 416년 2월에 병으로 사망하였다. 큰아들 姚泓이 황제에 즉위했지만 姚泓의 동생 姚宣과 姚懿 및 조카 姚恢의 내란 등으로 황실 내부의 배반이 진행되어 정권은 더욱 약체화되었다. 이러한 혼란을 뚫고 북쪽에서는 赫連勃勃이 남하하여 渭水 유역까지 쳐들어왔고 또 남쪽에서는 東晋의 劉裕 군사가 洛陽을 탈환하였다. 게다가 劉裕의 군사는 서쪽으로 진격해서 長安을 향했고 417년 8월 마침내 長安을 함락시켰다. 이렇게 해서 後秦은 멸망하였고 姚泓은 建康으로 압송되어 처형당했다.

〈도표 31〉 後秦 계보도

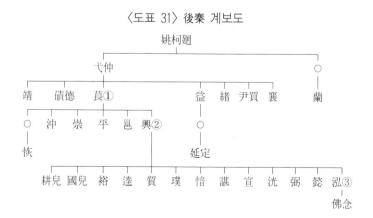

□ 西秦

鮮卑의 일파로 河西, 隴西 지방에 거주하고 있던 집단을 西部鮮卑라 일컫지만, 그 중에서 乞伏部는 3세기 중엽부터 高平川 유역(寧夏 回族自治區 중부)에 거주하고 있었다. 그 후 苑川과 麥田(甘肅省 靖遠縣) 등을 지나 4세기 중엽에는 乞伏司繁이 거느리고 度堅山(甘肅省 靖遠縣)으로 이주하여 유목을 위주로 생활하였다. 그러나 前秦의 세력 확대의 물결이 乞伏部에도 영향을 미쳤고 371년에는 益州刺史 王統의 공격에 의해 乞伏司繁은 부락민과 함께 항복하여 長安으로 옮겨졌고 前秦의 南單于에 임명되었다. 373년 鮮卑族 勃寒이 隴右를 침입하였기 때문에 苻堅은 乞伏司繁에게 이것을 토벌하게 하였고 乞伏司繁은 勃寒을 항복시키고 본래대로 勇士川(甘肅省 榆中縣)에 본거지를 두게 되었다.

376년에 乞伏司繁이 사망하고 아들 乞伏國人이 집단을 계승하였다. 乞伏國人은 383년 淝水의 전투에서 前將軍으로서 출전하게 되었다. 그러나 그 직전에 숙부인 乞伏步積가 隴西(甘肅省 隴西縣)에서 반란을 일으켰기 때문에 苻堅은 乞伏國人에게 그것을 토벌시키려고 되돌아오게 하였다. 그러나 乞伏步積가 乞伏國人에게 자립을 설득하고 있던 중 淝水에서의 苻堅의 패전 정보가 들어오자 乞伏國人은 隴西에 머무르면서 여러 부락을 소집하게 되었는데 오래지않아서 10여만 명의 군중을 규합하게 되었다. 그리고 苻堅이 後秦의 姚萇에게 살해되자 乞伏國人은 385년 9월에 大單于라고 스스로 일컫고 建義로 연호를 고쳤으며 勇士城(甘肅省 榆中縣)으로 도읍을 정하여 독립하였다. 이것이 西秦의 건국이고 西秦의 경우도 淝水의 전투 결과가 자립으로 이어졌던 것이다. 단지 乞伏國人은 前秦의 책봉을 받아들여 苑川王으로서 前秦과의 관계를 유지하면서 주변으로의 세력 확장을 도모하고 있었던 것이다. 그러나 西秦의 주위에는 前秦 외에도 동쪽으로는 後秦 서쪽으로는 後涼 또한 남쪽으로는 吐谷渾이 위치하고 있어서 乞伏國人은 그들의 세력을 배려하지 않을 수 없으므로 세력 확장은 상당히 제한되어 있었다.

388년 6월 乞伏國仁이 사망하고 동생 乞伏乾歸가 大單于 河南王으로 즉위하고 9월에는 서쪽의 金城(甘肅省 蘭州市)으로 천도하였다. 乞伏乾歸도 前秦과의 책봉 관계는 계속 유지하여 金城王으로 임명되어졌고 後秦에 대하여 공동 전선을 펼치게 되었다. 乞伏乾歸는 주변의 鮮卑와 羌族의 소집단을 복속시켰고 또 吐谷渾으로부터는 조공을 받게 되었다. 그러나 이러한 세력 확장이 서방의 後涼과의 충돌로 이어지고 392년 8월에 枹罕(甘肅省 臨夏市)을 後涼에게 탈취 당했다. 그 후 前秦의 苻登으로부터 394년 6월에 河南王에 임명되었지만 7월에 苻登이 後秦의 姚興에게 전투에 패하여 사망하자 前秦과의 관계도 해소되었다.

乞伏乾歸는 그해 10월에 苻登의 후계자 苻崇과 결탁하여 後仇池의 楊定을 격퇴하고 隴西의 소유를 완성하였으며 12월에 秦王을 일컫게 되었다. 이 무렵 西秦의 인구는 100만 명에 달해 있었다. 또 後涼과의 관계에 있어서는 呂光의 압력 이전 395년 6월에 苑川西城(甘肅省 蘭州市)으로 천도하였고 7월에는 아들 乞伏敕勃을 인질로 보내고 일시 稱藩했지만 後涼의 압력은 감소되지 않았다. 그러나 297년에 後涼 내부로부터 南涼과 北涼이 독립하여 後涼 자체가 약체화되었고, 또 西秦이 새로이 南涼과 연대할 가능성이 열리면서 後涼과의 관계는 결말을 보게 되었다.

400년 1월 乞伏乾歸는 苑川西城으로부터 또다시 동방의 苑川으로 천도하였고 5월에는 서쪽으로 진출해온 後秦의 군사와의 충돌에서 패배하였으며 7월에 南涼으로 도망갔다. 그러나 그는 南涼의 禿髮利鹿孤에게 반란을 들켰기 때문에 11월에는 長安으로 도망갔고 後秦의 姚興으로부터 河州刺史 歸義侯로 임명되었다. 그것으로 西秦은 일단 멸망한 것이다. 그러나 401년 4월 乞伏乾歸는 後秦에 복속하면서 苑川으로 돌아와서 자기의 세력을 유지하고 後秦을 위해서 後涼과 後仇池, 吐谷渾을 공격하여 공적을 쌓았다.

後秦이 北魏와 夏의 등장으로 약화되자 乞伏乾歸는 後秦의 지배에서 이탈하여 409년 7월에 度堅山에서 秦王을 일컫고 更始로 연호를 바꿨다. 西秦의 부활인 것이다. 乞伏乾歸는 410년 8월에 또 苑川으로 천도하였다. 西秦은 後秦의 略陽, 南安, 隴西 등을 공략했지만 약체화된 後秦은 隴西 지배를 추인하지 않을 수 없어서 乞伏乾歸를 大單于 河南王으로 임명하고 稱藩시킬 뿐이었다. 西秦은 또 北涼과 매년 전투를 반복하는 南涼과 吐谷渾에 대한 공격도 전개하여 서방과 남방에도 세력을 확장해 갔다. 乞伏乾歸는 412년 2월에는 譚郊(甘肅省 臨夏市)로 천도했지만 6월에 권력 탈취를 목표로 하는 형 乞伏國人의 아들 乞伏公府에게 10여명의 아들들과 함께 살해당했다. 거기서 苑川에 주둔해서 난을 피해 도망간 乞伏乾歸의 큰 아들인 乞伏熾磐이 乞伏公府를 토벌하고 8월에 河南王으로 즉위하였으며 枹罕으로 천도하였다. 乞伏熾磐은 계속해서 吐谷渾, 南涼 공격을 강행하였고 414년 5월에는 樂都(靑海省 樂都縣)에 도읍한 南涼을 멸망시키고 스스로 秦王으로 일컬었다.

　이렇게 하여 西秦은 禿髮部의 대부분을 합병하였고 그 결과 北涼과 국경을 접하게 되었으며, 北涼과의 사이에서는 이 이후 420년대에 걸쳐서 和親과 군사 공격이 반복되었다. 한편 남방에서는 吐谷渾을 지배하여 四川 서부까지 세력 하에 두었고, 後秦에 대해서는 姚興 사망 이후의 혼란을 틈타서 上邽에 진출하였으며 東晉 劉裕의 後秦 공격 시기에는 東晉에 稱藩하여 漢中(陝西省 漢中市) 진출을 도모하였지만 夏의 關中 진출의 의도를 보고 동방 진출은 단념하였다.

　이렇게 하여 西秦은 420년대 초까지는 東晉 및 그것에 대신한 宋과 연대하면서 夏에 대처하였고, 또 北涼과 西涼의 항쟁을 이용하여 河西 방면으로의 확대를 실행하는 등 주변에 대해서 세력 확장을 꾀하고 있었다. 그러나 421년 3월에 北涼이 西涼을 멸망시키고 군사력을 西秦으로 돌리게 된 것과 또 夏가 關中으로의 진출을 강화했던 것으로부터 西秦은 열세에 놓이게 되었다. 夏, 北涼, 吐谷渾이 西秦에 대해 포위망을 형성한 것에 대해서 西秦은 北魏와 연대하는 길을 모색하였고, 423년 4월과 426

년 1월에는 乞伏熾磐이 北魏에 夏의 토벌을 맹세하고 한차례 성과를 거두었다. 그러나 국내에서는 羌族과 복속하고 있던 吐谷渾 別部의 반란이 빈번히 발생하고 西秦은 쇠퇴하게 되었다.

428년 5월 乞伏熾磐이 사망하고 아들 乞伏慕末이 즉위하였다. 그러나 乞伏慕末은 北涼의 압박을 받아 429년 5월에 定連(甘肅省 臨夏市)으로 옮기고, 또 430년 10월 夏로부터의 공격에 즈음하여 北魏에 원조를 구하고 平涼(甘肅省 華亭현), 安定으로의 이동을 인정받았다. 그러나 夏의 저지로 그것도 실현되지 않았고 南安에 머무르는 것에 불과하였지만, 거기도 北魏에게 억압당해 서쪽으로 도망해온 夏에게 공격을 받아 431년 1월에 夏에 항복하였으며 여기서 西秦은 멸망하였다. 또한 乞伏慕末과 그 일족은 6월에 夏에 의해 살해되었다.

西秦은 漢人 豪族이 다수 거주하는 隴西를 중심으로 한 작은 나라이다. 관료 제도는 3省 6卿과 四征將軍을 중심으로 하는 漢魏 이래의 형태를 취했고, 그 관직을 담당하는 자도 乞伏氏 중심이었지만 漢族과 羌族, 丁零도 상당히 진출하고 있었다. 반대로 單于臺는 설치하지 않아서 五胡를 통치하기 위한 특별한 기구는 설치되어 있지 않은 것 같았다. 상당한 정도의 漢化가 진행된 정권이었다고 할 수 있겠다. 46년간이라는 시기의 十六國 정권으로서는 비교적 장기간 존속하였고 연호도 제정했지만, 前秦, 後涼, 後秦, 東晉, 宋 등 여러 나라에 稱藩하는 등 주변의 여러 세력으로부터 간섭을 계속 받았으며 한때는 後秦에 완전히 복속되었던 적도 있었다. 또 수도를 여러 차례 옮겼던 것도 주변 세력에 대응하기 위한 것이 하나의 원인이었다. 皇帝와 天王을 일컬은 적도 없지만 그 정치 과정을 되돌아보면 간신히 秦王을 일컬은 시기가 자립성이 가장 높았던 시기라고 말할 수 있다.

〈도표 32〉 西秦 계보도

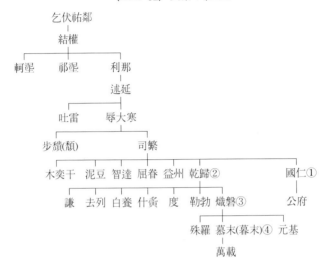

□ **夏**

夏는 赫連勃勃에 의해 건국된 국가이다. 赫連氏는 南匈奴의 후예로 鐵弗匈奴라고 일컫고 처음에 劉氏라고 하였으며, 魏晉 이래 현재의 山西省 忻州市 부근에서 유목에 종사하고 있었다. 그러나 310년경부터 西晉의 幷州刺史 劉琨과 결합한 代의 공격을 받아서 赫連勃勃의 증조부에 해당하는 劉虎(武)는 서방의 朔方(內蒙古自治區 烏拉特前旗)으로 도망가서 前趙에 복속하고 安北將軍 監鮮卑諸軍事 丁零中郎將으로 임명되어졌다. 그 후에도 代와의 공방은 계속되었고 341년 10월에 劉虎는 代의 공격에 의해 전투에 패배하고 사망하였으며 부락을 계승한 아들 劉豹子(務桓)는 代에 복속하였다.

부락은 劉豹子부터 동생 劉閼陋頭 또 劉豹子의 아들 劉悉勿祈를 거쳐 359년 4월에 그의 동생 劉衛辰에게 이어졌다. 劉衛辰은 代에 복속하면서 前秦과도 교류했기 때문에 代의 공격을 받았고 374년에는 前秦으로 도망갔지만 376년 前秦의 代 공격에서는 앞장서서 인도하는 임무를 수행하였다. 代가 멸망한 후에는 代의 지배영역 중에서 黃河 서쪽 부분을 차지하여 西單于로서 代來城(陝西省 楡林市)에 주둔하였다.

劉衛辰은 淝水의 전투 이후 西燕, 後趙와 연대하고 3만 8,000명의 병력을 거느리고 朔方에서 자립을 목표로 하였지만, 391년 11월에 北魏의 공격을 받고 劉衛辰은 살해당했으며 그의 집단은 멸망하였다. 이 시기 劉衛辰의 셋째 아들 勃勃은 後秦으로 도망갔고 後秦은 그에게 鮮卑와 雜夷 2만여 落을 주고 安北將軍 五原公으로 임명하고 朔方에 주둔시켰다.

勃勃은 後秦과 北魏와의 관계가 개선되자 407년 6월 高平을 습격하고 天王 大單于에 즉위하여 독립하였으며 국호를 大夏로 하였다. 다만 지배 영역은 오르도스 및 高平 부근으로 한정되어 있었는데 남쪽은 後秦 서쪽은 南涼 동쪽은 北魏라는 강대국과 접해 있었다. 특히 後秦의 공격을 피하기 위해서 본거지를 결정하지 못하고 이동하면서 전투하여 독립을 유지하였다. 경제적으로는 오르도스의 목초지를 이용한 유목이 중심이었지만, 세력 확대의 방향은 남방의 농경 지대인 隴東, 隴西, 關中 방면이었다. 南涼에 대해서는 407년 10월에 통혼을 요구하였다가 거절당한 것을 이유로 공격하였는데 支陽(甘肅省 蘭州市)으로 진격하여 2만 7,000명과 가축 수십만 마리를 획득하였다. 또 407년 10월 이후 매년 後秦이 지배하는 황토 고원에 위치한 定陽, 三城, 安定, 平涼, 略陽 등을 공격하여 세력을 확대하였다.

이렇게 하여 축적된 힘을 배경으로 413년에는 五胡와 漢族 10만 명을 동원해서 無定河 상류 북쪽 강변의 지역(陝西省 靖邊縣)에 統萬城을 쌓고 여기를 도읍으로 하였다. 赫連勃勃은 이 성을 쌓을 때에 견고함을 목적으로 흙과 점토와 석회를 섞어 만든 성벽에 송곳을 찔러서 견고함을 살피고, 만약 송곳이 1寸이라도 찔러지면 기술자를 죽이고 그 시체를 성벽에 묻었다고 한다. 그 견고함으로 말미암아 현재까지도 유적의 일부가 남아있다. 석회로 만들어져 있어서 성 전체가 하얗게 되어서 현지에서는 白

城子로 불려지고 그 마을도 白城子村이라고 한다. 또 이 해에는 성씨도
劉에서 赫連으로 고쳤다.

統萬城은 오르도스 사막 남쪽 길 위에 건축되어져 隴東 방면으로의
진출이 편리하고 또 오르도스의 중심지로서 가장 좋은 위치에 있었다. 赫
連勃勃은 統萬城에 수도를 설치한 이후로는 여기를 기점으로 하여 隴東,
關中 공격을 강화한 것이다. 그것이 하나의 요인이 되어 後秦의 약체화가
진행되었고 後秦은 417년 8월에 東晋의 劉裕에 의해 멸망되었으며 長安
(陝西省 西安市)은 東晋의 군사에 의해 점령되었다. 赫連勃勃은 그 기회
를 이용하여 長安 공략을 도모하였다. 같은 해 12월 赫連勃勃의 큰 아들
赫連瑰와 셋째 아들 赫連昌을 선두로 하는 夏의 군사는 關中 평야를 획
득하였고 다음해인 418년 10월에 長安을 포위하였으며 長安에 주둔하고
있던 東晋 劉裕의 아들 劉義眞을 격파하고 長安을 획득하였다. 그리고
12월 赫連勃勃은 마침내 長安 동쪽 교외의 灞上에서 황제의 지위에 즉위
하였다.

그러나 赫連勃勃은 北魏의 공격을 고려해서 長安에 머무르지는 않고
거기에 南台를 설치하여 赫連瑰를 주둔시켰다. 이 무렵에 여러 신하들은
赫連勃勃에게 長安을 수도로 할 것을 권유하였다. 그러나 赫連勃勃이 말
하기를..

    朕이 長安이 대대로 황제의 도읍이었던 것을 모르겠느냐! 산과 강에 의
    해 사방이 막힌 요새이기도 하다. 그리고 東晋이 지배하는 荊吳 지방이 멀
    어 우리들의 걱정이 될 것도 없다. 하지만 동방의 北魏는 우리와 잇닿은 토
    지에 있고 北京이 있는 統萬으로부터는 겨우 몇 백리 밖에 떨어져 있지 않
    다. 만약 長安으로 도읍을 옮기면 北京을 지킬 수 없는 근심이 생기게 된다.
    그러나 朕이 統萬에 있으면 北魏는 黃河를 건너 쳐들어오는 일은 없을 것
    이다. 모두는 이점을 모른다.

라고 하였다. 여기서 赫連勃勃의 뛰어난 정세 분석력이 여실히 드러나고
있다고 할 수 있다.

그리고 419년 2월에 統萬城으로 돌아간 후에 統萬城 사방의 성문을 각각 남쪽은 朝宋門, 동쪽은 招魏門, 서쪽은 服涼門, 북쪽은 平朔門으로 이름 지었다. 즉 남쪽의 宋(강남은 아직 東晉이었지만 宋公 劉裕가 실권을 잡음)으로 하여금 조공을 바치게 하고, 동쪽의 北魏를 복종시키며, 서쪽의 北涼을 복속시키고, 북쪽의 柔然을 평정하려고 하는 의미이며, 統萬城을 중심으로 중국 전 영토를 지배하려고 하는 赫連勃勃의 패기를 나타낸 것이다. 단지 현실에서는 420년대 중반 쯤 北涼을 일시적으로 복속시킨 것에 머물렀다.

〈도표 33〉 統萬城 遺址

성벽이 흰빛을 띠고 있는 것을 알 수 있다.(촬영: 市來弘志)

赫連勃勃은 425년 8월에 사망하고 赫連昌이 뒤를 이었지만 이미 426년 10월에는 北魏의 공격을 받기 시작하였으며, 다음해 427년 6월 統萬城은 北魏 太武帝(拓跋燾)의 군사 3만 명의 공격에 의해 함락되었다. 赫連昌은 일단 上邽로 도망갔지만 결국 428년 2월 사로잡혀서 北魏의 수도 平城(山西省 大同市)으로 연행되었다. 赫連昌의 동생 赫連定은 平涼에서 즉위하였지만 430년 11월에는 北魏의 공격을 받아 上邽로 이동하였다. 431년 1월 赫連定은 西秦을 멸망시키기는 하였으나 黃河를 건너 서쪽으로 가던 도중 6월에 吐谷渾에게 사로잡혀 平城으로 보내져서 처형당했으며 夏는 멸망하였다.

　夏는 南匈奴의 후예가 건국한 국가였지만 그 정권은 匈奴로 한정하지 않고 鮮卑와 氐族, 羌族을 포함한 사람들로 구성되어 있었다. 夏는 前秦, 後秦이 수도를 둔 長安을 중심으로 하는 關中 평야를 획득한 후에도 오르도스의 유목 지대에 거점을 두고 농경 지대를 지배하는 정복 왕조적 성격을 띠었다. 대부분의 五胡 국가가 中原으로의 진출을 도모했다는 일관된 정책을 채용했다고 할 수 있다. 赫連勃勃은 非漢人 君主로서 중국에 군림한다고 하는 의미를 강하게 가지고 있었던 것이다. 그 세력은 일시적으로는 北魏와 華北을 양분하는 세력이 되었지만 동일한 정복 왕조적 성격을 가진 北魏와의 항쟁에서 패배하여 멸망했던 것이다.

〈도표 34〉 夏 계보도

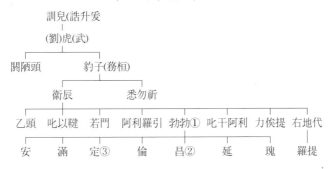

〈도표 35〉夏의 石馬

大夏 眞興6년(424)에 조각되었다. 西安市 출토, 西安 碑林博物館 소장

□ 後涼

後涼을 건국한 呂氏는 略陽(甘肅省 秦安縣)의 氐族으로 前秦 苻氏와 동족이며, 苻洪이 後趙 정권 하에서 枋頭(河南省 滑縣)로 이동했을 때 呂光의 아버지 呂婆樓도 거기에 따라갔다. 呂婆樓는 前秦의 건국에 힘을 쏟았고 苻堅이 苻生에 대한 쿠데타를 일으켰을 때에는 苻堅과 함께 행동하였으며 苻堅 정권 하에서는 司隷校尉 太尉를 역임하였다. 呂光은 呂婆樓가 後趙에 복속하고 있던 시대에 枋頭에서 태어났고 前秦에서는 寧朔將軍과 步兵校尉가 되어 苻雙과 苻洛의 반란을 진압하였으며 前燕 공격 등에 참가하여 여러 차례 무공을 세우고 있었다.

苻堅이 西域 원정을 결단하자 呂光은 383년 1월에 都督西土諸軍事로서 출전하여 敦煌(甘肅省 敦煌市), 高昌(新疆省 維吾爾自治區 吐魯番市), 焉耆(新疆省 維吾爾自治區 焉耆回族 自治縣)를 거치고 384년 7월에는 龜玆(新疆省 維吾爾自治區 庫車縣)까지 제압하였다. 呂光은 또 다시 서쪽으로 진출하는 것도 생각했지만, 약 1년간 龜玆에서 체류한 후 龜玆에서 보호하는 불교 승려 鳩摩羅什의 권유와 원정군 장병의 귀환 희망을 받아들여 동쪽으로 돌아갈 것을 결정하였다. 이에 대해 高昌太守 楊翰과 涼州刺史 梁熙가 저항했지만 呂光은 385년 9월 먼저 楊翰을 항복시키고 高昌에 진입하였으며, 그곳에서 苻堅이 淝水에서의 패배와 長安의 혼란을 알게 되었다. 呂光은 재차 진격하여 玉門(甘肅省 玉門市)으로 진입하였고 後秦에 복종하였지만 이전에 前秦의 涼州刺史를 역임한 梁熙의 군사와 충돌하여 酒泉(甘肅省 酒泉市)의 서쪽에서 물리쳤으며, 姑藏에 입성하여 涼州刺史 護羌校尉라고 스스로 일컫고 사실상 자립하였다.

그 즈음 前涼 최후의 군주 張天錫의 世子로 淝水의 전투 이후 禿髮部를 도망쳐 나온 張大豫가 前秦의 長水校尉 王穆과 禿髮部와 魏安(甘肅省 古浪縣), 昌松(甘肅省 古浪縣)에 주둔하며 前涼의 부흥을 도모하면서 姑藏으로 돌격해 왔지만 呂光은 387년 12월에 張大豫를 제압하였다. 이 사이 386년 9월에 呂光은 苻堅의 죽음을 알고 苻堅에게 文昭皇帝라는 諡號(죽은 후에 그 생전의 행위에 의해 붙여지는 이름)를 준 뒤에 10월에 太安이라고 연호를 정하고 酒泉公이라 일컬었다. 이것이 後涼의 건국이고 387년까지는 涼州 전 지역을 제압하였으며 이전에 前涼의 영역 대부분을 지배 하에 두게 되었다. 呂光은 그 이후 389년 2월에는 三河王이라 일컫고 또 396년 6월에는 국호를 大涼으로 하고 天王에 즉위하였다.

後涼 정권은 前秦의 서쪽 토벌군의 장군을 중심으로 하고 그것을 河西의 士人이 보좌하는 정권이었지만, 주요 관직에는 氐族을 시작으로 하는 五胡 관료를 배치하는 五胡 중심의 체제를 구축하였다. 한편 漢族에 대해서는 郡의 太守 등에 임명할 뿐 냉담한 대우를 하였기 때문에 涼州 漢族의 반발을 초래하게 되었다. 즉 王穆이 酒泉에서 반란을 계속하였고 여기에 敦煌의 索嘏와 郭瑀가 가담하였다. 또 西平太守 康寧과 張掖太守 彭晃 등도 연대하였다. 한편 주변 세력과의 항쟁도 격화되어서 동남에 위치한 西秦과는 388년 이래 여러 차례 충돌하였다. 呂光은 392년 8월에 西秦의 수도 金城을 공격하여 枹罕을 획득하고 西秦에 복속한 南羌의

彭奚念 공격을 감행하였으며 395년 7월에는 西秦을 稱藩시키기에 이르렀다.

또한 397년 1월에도 呂光은 西秦의 金城을 공격하였고 일단은 金城을 함락시켰으나 역으로 西秦의 간첩을 이용한 책략에 걸려 패퇴하였다. 게다가 그 틈에 東南部에서 鮮卑의 禿髮烏孤가 자립하여 南涼을 건국하였고 또 5월에는 西部에서 盧水胡의 沮渠蒙遜이 建康太守 段業을 옹립하여 北涼을 건국하였기 때문에 後涼의 지배 영역은 대폭 축소되었다. 이렇게 하여 後涼의 와해가 시작되었고 8월에는 後涼 정권의 핵심에 있던 漢人 郭黁과 氐人 楊軌 등의 반란이 일어났다. 이들의 반란 자체는 최종적으로는 진압되었지만 後涼의 약체화는 더욱 진행되었다.

呂光은 399년 12월 사망 직전에 太上皇帝가 되고 아들 呂紹가 天王 자리를 계승하였지만, 呂光의 사망 이후에 天王 呂紹는 呂光의 庶長子 呂纂의 협박으로 즉위한지 5일 만에 자살하고 呂纂이 天王이 되었다. 그는 南涼과 北涼의 사이에서 세력 확대를 목표로 400년 3월에는 南涼을 공격하였지만 패퇴하였다. 또 6월에는 北涼 공격에 나섰다가 張掖(甘肅省 張掖市)에서부터 建康(甘肅省 酒泉市)까지 진출하였다. 그러나 그 틈에 남쪽의 南涼에게 姑臧을 공격당했기 때문에 呂纂은 급히 姑臧으로 되돌아왔다.

이렇게 하여 呂纂의 세력 확대 노선은 실패하였고 국력은 한층 더 약체화를 초래하였다. 呂纂은 동족의 권력 쟁탈 속에서 401년 2월에 呂光의 동생 呂寶의 아들인 呂超와 呂隆에게 살해되고 呂隆이 天王에 즉위하였다. 그러나 7월에는 동방으로부터 後秦의 공격을 받고 姑臧을 포위당했으며 9월에는 항복하였다. 呂隆은 後秦으로부터 建康公에 임명되고 당분간은 姑臧에 거류하였지만 403년 7월에는 南涼과 北涼의 협공을 받았기 때문에 8월에 素車白馬(장식 없는 흰색의 나무 수레를 백마가 끌게 하는 것으로 죽음을 결심하고 항복할 때 사용한다.)하여 後秦 군사를 맞아들이고 長安으로 향했다. 여기서 後涼은 완전히 멸망한 것이다. 呂隆은 後秦의

散騎常侍로 대접받았으나 416년경에 모반에 연좌되어 살해당했다.

〈도표 36〉後涼 계보도

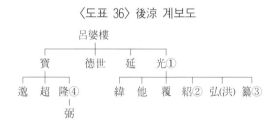

◦ 南涼

禿髮部는 3세기 중엽에 河西에 거주하던 이른바 西部鮮卑의 일파이다. 그 선조는 代와 北魏를 세운 拓跋部와 종족의 근원이 같은데, 拓跋匹孤는 代의 시조 拓跋力微의 형이라고 한다. 拓跋匹孤는 3세기 중엽까지는 陰山 북방에서부터 河西로 이동하였고 그 아들 拓跋壽闐의 시기에 禿髮로 일컫게 되었다. 拓跋壽闐의 손자인 禿髮樹機能은 西晉 초기에 秦州刺史를 살해하고 涼州刺史를 격파해서 10년 가까이에 걸쳐 涼州를 영유하였다. 279년 12월에 禿髮樹機能이 西晉의 공격을 받고 부하에게 살해당한 뒤 禿髮部의 동향에는 불분명한 점이 많지만, 아마도 집단을 유지하면서 西晉, 前涼, 前秦의 지배 하에 조직의 일부로서 편입되었을 것이다.

그 후 4세기 후반에 禿髮樹機能의 사촌 동생의 증손자에 해당하는 禿髮思復鞬이 등장하여 세력은 약간 회복되었다. 禿髮思復鞬은 張大豫와 王穆과 결탁하여 姑臧 진출을 꾀했지만 실패하고 곧 사망하여 그 집단은 아들 禿髮烏孤가 계승하였다. 이 때 禿髮部는 後涼 영역 동남부의 廉川 (甘肅省 永登縣) 근처에 거주하며 유목을 시행하면서 농경에도 종사하고 있었다. 정치적으로는 後涼에 복속하였고 394년 1월에 禿髮烏孤는 呂光으로부터 冠軍大將軍 河西鮮卑大都統 廣武縣侯에 임명되었다. 그러나 禿髮烏孤는 서서히 주변의 鮮卑 부락들을 지배 하에 편입시키고 또 漢人 豪族도 흡수하여 세력을 증대시켜 온 것에 대해서, 呂光은 禿髮烏孤의 지위를 征南大將軍 益州牧 左賢王으로 상승시켜 대처하였다.

그러나 397년 1월 後涼의 국력 쇠퇴를 본 禿髮烏孤는 廉川에서 大單于 西平王을 일컫고 太初로 연호를 정하고 자립하였다. 이것이 南涼의 건국이다. 禿髮烏孤는 그 후 後涼 동남의 영토를 서서히 획득하였고 398년 말기까지는 姑臧의 남쪽까지 쳐들어갔다. 398년 12월 禿髮烏孤는 大單于 武威王이라 스스로 일컫고 다음해 399년 1월에는 湟河 유역의 樂都로 천도하였으며 五胡, 中原 출신자, 秦雍 출신자를 망라한 정권을 목표로 하였고 또 北涼, 後涼, 西秦, 後秦이라는 주변 세력에 대해서는 먼저 後涼을 공략할 것을 기획하였다. 그러나 禿髮烏孤는 399년 8월에 술에 취해 말에서 떨어져 늑골이 부러졌다. 처음에는 웃으며 "呂光 부자에게 즐거움을 주고 싶어 그런 것이다."라고 하는 등 심각하게 느끼지 않았지만 갑자기 상태가 악화되어 어이없이 사망하였다. 後涼 공격은 좌절되었다.

禿髮烏孤가 사망하고 동생 禿髮利鹿孤가 즉위하였다. 禿髮利鹿孤는 樂都의 서쪽인 西平(靑海省 西寧市)으로 천도하고 정책면에서는 禿髮烏孤를 계승하여 北涼과의 동맹을 강화하였다. 그리고 여러 차례 後涼의 姑臧을 공격하여 涼州의 강대국으로서의 지위를 구축했지만, 西秦의 일시적인 멸망 이후에 직접 국경을 접하게 된 동방의 後秦에는 종속하였으며 또 北魏와도 교섭을 가졌다. 401년 1월 禿髮利鹿孤는 황제를 일컬으려 했지만 신하의 반대에 부딪혀 河西王이라 일컬었다. 內政 방면에서는 漢族을 농업에 종사시켜 賦稅를 부과하고 禿髮部 사람은 전투에 종사시키는 것으로 국력의 증강을 도모하였다. 禿髮利鹿孤는 402년 3월에 병으로 사망하고 동생 禿髮傉檀이 涼王으로 즉위하였다.

禿髮傉檀은 禿髮烏孤 시대에 이미 車騎大將軍 廣武侯로서 정권의 핵심이었고 禿髮利鹿孤 시기에는 실권을 장악하고 있었다. 禿髮傉檀은 즉위하자 다시 樂都로 천도하여 세력 확대를 도모하였고 403년 7월에는 北涼과 결탁하여 後涼을 압박했지만, 後涼은 後秦에 항복하고 姑臧도 後秦이 영유하는 등 涼州에서 後秦의 세력이 강해졌다. 여기서 禿髮傉檀

은 404년 2월에 涼王의 칭호와 연호를 폐지하고 車騎將軍 廣武公으로서 後秦에 복속했기 때문에 南涼은 형식적으로는 일시적으로 멸망한 것이 되었다. 그러나 禿髮傉檀의 의도는 後秦에 신하로 종속하는 형태를 취한 채로 姑臧 진출을 꾀하는 것에 있었다. 또 後涼의 멸망은 北涼과의 동맹 관계의 종료에도 있었다. 禿髮傉檀은 406년 6월에 北涼을 공격하여 위세를 나타내 보이고 말 3,000 마리와 양 3만 마리를 姚興에게 바친 결과 後秦의 涼州刺史로서 姑臧에 주둔하는 것에 성공하였다.

禿髮傉檀은 형식상으로는 後秦의 신하였지만 사용하는 수레와 복장, 의식 등에 있어서는 독립한 王과 다름없는 모습이었다. 그리고 姑臧을 거점으로 하여 西平, 湟河(靑海省 循化撒拉族自治縣)의 羌族을 지배 하로 편입하는 등 체제를 강화해 갔다. 禿髮傉檀은 또 西涼과 결탁하여 北涼에 대처하는 정책을 채택했지만 407년 8월의 北涼 공격에 실패하였고 또 11월에 신흥 세력인 夏의 공격을 받아 패배하였다. 408년 5월에는 또 後秦의 공격을 받았지만 禿髮傉檀은 고전하면서도 최종적으로는 격퇴하였다. 이와 같이 주변 세력과의 전투에서 국력을 소모했지만 後秦의 세력도 약화되었기 때문에, 禿髮傉檀은 11월에 다시 涼王에 즉위하고 嘉平으로 연호를 정하고 형식상으로도 後秦으로부터 이탈하여 南涼을 부활시킨 것이다.

409년 이후에도 南涼은 北涼과의 공방을 반복했지만 410년 3월에 마침내 姑臧이 北涼에게 포위되는 사태가 되었다. 당시 北涼의 군사는 곧 되돌아갔지만 禿髮傉檀은 姑臧을 포기하고 樂都로 천도하였다. 姑臧은 411년 2월에 北涼에게 빼앗겼고 北涼은 그곳을 거점으로 하여 그 후에도 여러 차례 樂都를 공격했지만, 禿髮傉檀은 아들 禿髮安周와 禿髮染干을 北涼으로 인질로 보내 겨우 견디어 왔다. 그러나 그 사이 남쪽에서 吐谷渾의 활동이 격렬해졌고 또 7월에는 西秦의 南涼 공격도 시작되었다. 이렇게 하여 南涼은 서북방으로부터 北涼, 동방으로부터 西秦, 서남방으로부터 吐谷渾의 압력을 받아 영토가 축소되었고 414년의 시점에서는 겨우 西平과 樂都 등의 湟河 유역을 점유할 뿐이었다. 그리고 414년 5월에는

鮮卑 乙弗部의 반란을 진압하기 위해 출격했던 틈에 西秦에게 공격당해서 樂都는 함락되었고 禿髮傉檀은 6월에 西秦에 항복하여 南涼은 멸망하게 되었다. 禿髮傉檀은 西秦의 左南公으로 임명되었다가 그 해 말에 독살 당했다.

南涼은 靑海省의 湟河 유역을 기반으로 한때는 涼州의 중심지 姑臧을 지배한 지역 정권이었다. 관료제도 방면에서는 漢魏 이래의 형태를 답습하였고 당초 禿髮烏孤가 일컬은 大單于는 禿髮利鹿孤 이후에는 사용하지 않고. 정권의 중추는 禿髮氏 일족이 점유하였고 漢族과 氐族, 羌族, 匈奴의 임용은 상당히 한정되어서 그들의 대부분은 농노적인 지위에 있었다고 할 수 있다. 특히 禿髮傉檀은 漢族을 신임하지 않았는데 이것이 漢族의 지지를 잃게 하고 정권을 붕괴시키는 하나의 원인이 되었던 것이다.

〈도표 37〉南涼 계보도

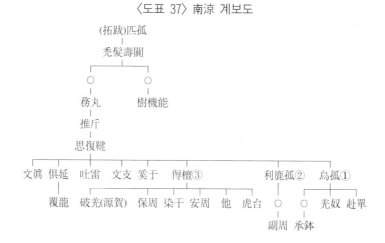

▫ 北涼

397년 4월 西秦 토벌 실패의 책임을 물어 後涼의 尙書 沮渠羅仇와 三河太守 沮渠麴粥 형제가 天王 呂光에게 처형당했다. 그 장례에 모였던 종족 1만여 명 앞에서 沮渠羅仇와 沮渠麴粥의 조카 沮渠蒙遜은 後

涼으로부터 자립을 선언하고 臨松(甘肅省 張掖市)을 함락시켰으며 金山 (甘肅省 張掖市)에 주둔하였다. 沮渠蒙遜의 군사는 일단 패배하였지만 酒泉에 있던 사촌 형제인 沮渠男成이 호응하였고 5월에는 建康으로 쳐 들어가 後涼의 建康太守로서 漢人이었던 段業을 추대하여 涼州牧 建康 公이라 하고 神璽로 연호를 정했다. 이것이 北涼의 건국이고 머지않아 沮 渠蒙遜도 합류하였으며 실권은 沮渠蒙遜과 沮渠男成이 장악하였다.

沮渠蒙遜은 다음해 398년 4월에 西郡(甘肅省 永昌縣)을 함락시키고 또 晉昌(甘肅省 安西縣)과 敦煌을 복속시켰으며 다시 6월에는 沮渠男成 이 張掖을 공략하고 여기를 수도로 하였다. 이렇게 하여 北涼은 後涼 영 토의 西郡 서쪽 지역을 지배 하에 두게 되었고 段業은 399년 2월에 涼王 을 일컬었다.

그러나 400년 11월에 敦煌 太守였던 漢人 李暠가 자립했기 때문에 北涼은 西部의 영토를 잃는 것과 함께 北涼의 중요한 구성 요소인 漢族 의 이탈이 진행되었다. 또 段業과 沮渠蒙遜의 사이에도 대립이 생겼으나 沮渠男成은 段業을 지지하는 입장에 섰다. 거기서 沮渠蒙遜은 401년 4 월 沮渠男成이 모반을 꾀했다고 모함하여 段業에게 沮渠男成을 살해하 게 하였고, 또한 죽은 자의 복수를 하여 그 넋을 달래기 위한 전투라고 일 컫고 스스로 段業을 살해하였으며 6월에는 涼州牧 張掖公을 일컫고 北 涼의 지배자가 되었다. 여기서 명실상부한 沮渠氏에 의한 北涼의 지배가 시작되었던 것이다.

沮渠氏는 『晉書』「沮渠蒙遜載記」 등에는 臨松 盧水胡로 되어 있다. 이 盧水胡에 대해서는 沮渠가 匈奴의 관직명과 연결되기 때문에 일반적 으로 匈奴의 일족인 것으로 이해되어 왔다. 그 밖에 秦漢 시대에 현재의 甘肅省 서부에 있던 유목민 月氏라는 설, 月氏를 주체로 하여 羌族과 匈 奴가 혼합했다는 雜胡說, 匈奴와 月氏 융합설 등이 있다. 그러나 盧水는 張掖市 부근을 흐르는 현재의 黑河로서 296년 5월에 北地(陝西省 耀縣) 에서 일어난 소수 민족의 반란에 盧水胡가 匈奴와 羌族과 함께 참가했던 것 등으로부터 盧水胡는 匈奴와는 별도의 黑河 유역에 거주했던 민족으로 생각해야 할 것이고, 정치적으로 匈奴의 영향을 받은 결과 그 관직 명칭이 姓氏로서 사용되어지게 된 것일 것이다. 盧水胡와 匈奴와의 관계는 匈奴의 別部로 여겨지는 羯族과 匈奴와의 관계와 동일하게 이해될 수 있다. 沮渠蒙遜의 조상은 대대로 盧水胡의 부족장으로 아버지인 沮渠法弘은 前秦의 中田護軍이며 沮渠蒙遜의 시대에 後涼이 涼州를 지배하자 그것에 복속했지만 부족의 통합은 유지하고 있었다.

그러나 沮渠蒙遜이 명실상부하게 北涼의 지배자가 되었을 무렵 그 영역은 동쪽은 西郡 서쪽은 張掖까지의 극히 좁은 범위에 한정되었으며, 그 주위에는 서쪽에 西涼 동쪽에 北魏 남쪽에 後涼 그 남쪽에 南涼과 後秦에 복속된 西秦 또 동남쪽에는 後秦이 병립하여 北涼은 상당히 심각한 대외 정책을 강요받았다. 沮渠蒙遜은 먼저 南涼과 결탁하여 後涼을 압박했지만 401년 7월에 後秦이 後涼을 공격하자 後秦의 압력을 두려워하여 後秦에 사신을 파견하였고, 또한 後涼 멸망 이후 403년 8월에는 後秦으로부터 沙州刺史 西海侯에 임명되어졌다. 沮渠蒙遜은 後秦에 稱藩을 하면서 직접 국경을 접하는 南涼과 西涼에 대항하였다. 南涼과는 406년, 407년, 409년 등 매년 충돌하였고 410년 3월에는 일시 南涼의 수도 姑臧을 포위하였다. 이 때는 곧바로 철수했지만 다음해 411년 1월에는 마침내 姑臧을 획득하였고 412년 10월에 천도하였다. 이렇게 하여 河西의 중심지를 획득한 沮渠蒙遜은 11월에 河西王에 즉위하였다.

沮渠蒙遜은 그 후에도 南涼을 압박하였고 약체화된 南涼은 414년에 西秦에 의해 멸망하였다. 그 때문에 南涼과 연대하고 있던 서쪽의 西涼은 고립되었고 또한 417년 2월에는 西涼王 李暠가 사망하였기 때문에 北涼은 그 기회를 잡아 같은 해 4월부터 공격을 펼쳤으며 420년 7월에는 酒泉을 획득하였고, 또한 421년 3월에는 西涼을 멸망시켜 敦煌까지 지배 하에 편입시켰다. 그 결과 北涼은 河西의 전 지역을 지배하게 되었고 西域의 여러 국가와의 교섭이 활발하게 되었다.

한편 동방에서는 南涼이 소멸된 후에 西秦과의 충돌이 시작되었다. 西秦이 北魏와 결탁한 것에 대해서 北涼은 西秦과 關中의 지배를 둘러싸고 대립하는 夏와 연대하고 西秦과의 공방을 반복하였다. 특히 西涼을 멸망시킨 이후에는 동쪽 공략에 집중하였고 421년 6월과 422년 7월에 西秦 공격을 단행하였지만 이것은 실패했다. 그러나 424년이 되자 北魏와의 연대를 강화한 西秦으로부터의 공격이 심해졌다. 거기서 北涼은 夏의 연호를 받들어 사용하는 것으로 夏에 복속하여 그 원조를 얻어서 그럭저럭 西秦의 공격을 견디는 것이 가능하였다.

北涼은 또 江南 왕조와의 교섭도 빈번하게 행했다. 沮渠蒙遜은 418년에 東晉에 稱藩하여 涼州刺史에 임명되었고 또 宋 건국 후에 西涼이 멸망한 것에 걸맞게 422년에 涼州刺史 張掖公, 423년에는 涼州牧 河西王으로 宋에 있어서의 관작을 상승시켜 나갔다. 이것은 410년대 이후의 江南 정권이 전개한 北魏의 세력 확대에 대처하기 위한 적극적인 외교 정책에 기인하였다. 즉 東晉 및 宋은 高句麗, 百濟와 倭 혹은 後仇池, 吐谷渾 등의 통치자에게 관직을 주고 高句麗王과 倭王 등 王에 임명하였으며 또한 北魏의 북방에 있던 柔然과도 연대하려고 의도하였다. 北涼도 江南 정권의 그러한 외교 전략의 일환으로 편입시켰던 것이다.

이와 같이 410~420년대에 있어서 여러 나라가 뒤섞인 항쟁 속에서 北涼은 그 명맥을 보존해 왔지만 431년에 西秦과 夏가 멸망하자 北魏의 영향력이 단숨에 확대되었다. 거기서 431년 8월에 沮渠蒙遜은 아들 沮渠安周를 北魏에 인질로 들여보내고 北魏를 가장 중요시하는 외교 정책으로 전환하였다. 北魏도 對宋 정책의 관계로부터 北涼을 후대하고 沮渠蒙遜을 涼州牧 涼王으로 임명하였다. 沮渠蒙遜은 433년 4월에 병으로 사망하였고 北魏는 외교사상 이례적으로 喪事를 보호 감독하는 사절을 파견하고 武宣王이라는 시호를 내렸다. 그리고 계승할 王에는 宋에서 승인하는 世子 沮渠菩提가 아닌 沮渠牧犍이 즉위하였다. 北魏와의 관계는 보다 밀접하게 되었고 沮渠牧犍의 여동생이 北魏에 시집갔으며 太武帝의 여동생

武威公主가 沮渠牧犍에게 시집가는 이중 통혼 관계까지 성립되었다.

그러나 華北 통일을 목표로 하는 北魏와의 우호 관계는 길게 지속되지 못했고 439년 9월에 太武帝가 이끄는 北魏 군사의 姑臧 공격에 沮渠牧犍은 항복하고 北涼은 멸망하였다. 또 沮渠牧犍은 平城으로 압송된 후 447년에 모반을 꾀했다고 간주되어 자살하게 하였으며, 또 姑臧이 함락된 후에 沮渠牧犍의 동생 沮渠無諱와 沮渠安周는 酒泉, 敦煌, 鄯善(新疆省 維吾爾自治區 若羌縣), 高昌으로 본거지를 옮겨 여명을 유지했지만 460년에 柔然에 의해 멸망되었다.

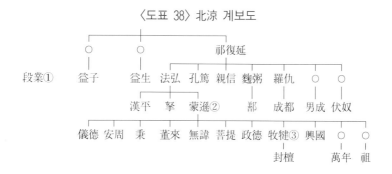

〈도표 38〉 北涼 계보도

▫ 西涼

北涼이 398년 4월에 敦煌을 지배할 때 段業은 後涼의 敦煌太守였던 孟敏을 沙州刺史로 임명하여 그대로 敦煌에 주둔하게 하였고 또 漢人 李暠를 郡 휘하의 效穀縣令에 임명하였다. 孟敏은 곧 사망하였지만 敦煌의 豪族들은 李暠를 敦煌太守로 추대하고 段業도 그것을 승인하였다. 이렇게 해서 李暠의 사실상의 敦煌 지배가 시작되었다.

李暠는 前漢 武帝 시대에 匈奴 원정으로 이름을 떨치던 명장 李廣의 16대손에 해당한다고 한다. 이것이 어디까지 신빙성이 있는지는 의문이지만, 李暠의 고조부 李雍과 증조부 李柔는 西晉의 郡太守를 역임하였고 또 조부 李弇은 前涼의 武威將軍 天水太守로 있어서 일족이 河西의 漢

人 豪族 사회의 중심이었던 것은 틀림없으며, 李暠 자신도 後涼에서 벼슬하여 河西 漢族의 기대를 짊어지고 있었던 것이다.

敦煌은 前漢 武帝가 敦煌郡을 설치한 지역으로 西域과의 통상을 중심으로 크게 발전하고 있었다. 또 前涼, 前秦의 지배 시대에도 수리 시설의 정비와 사민 정책의 결과 경제력은 증대되었고 漢族 인구도 증가되었다. 그러한 경제적 사회적 상황을 배경으로 敦煌에는 陰氏, 黨氏, 張氏 등 漢人 豪族이 출현하였고 커다란 정치력을 갖게 되었다. 李暠는 이러한 상황 속에서 敦煌太守에 추대 받은 것이며 신흥 세력인 北涼의 段業도 그것을 승인하지 않을 수 없었던 것이다.

400년 11월 北涼의 晉昌太守 唐瑤가 段業를 배반하면서 李暠를 涼公으로 추대한 것을 계기로 李暠는 敦煌에서 涼公 秦涼二州牧 護羌校尉를 일컫고 庚子로 연호를 정하여 자립하였다. 이것이 西涼의 성립인 것이다. 李暠는 그 정권의 중추에 敦煌을 시작으로 하여 涼州 서부 출신의 漢人을 많이 등용하였고 漢人 국가였던 前涼을 부흥해서 涼州 전 지역 및 秦州를 지배하는 것을 목표로 하였다. 그리고 敦煌 동부의 漢族에게 귀속을 요구하던 무렵 401년 9월에는 北涼의 지배 하에 있던 酒泉과 涼寧(甘肅省 酒泉市)이 西涼에 귀순하였고 옛 後涼의 영역 중 酒泉 서쪽을 영유하게 되었다. 西涼은 항상 동방으로의 진출을 꾀하고 있었고 또 서방의 위협은 적었기 때문에 405년 9월에는 酒泉으로 천도하고 406년 9월에 後秦의 涼州刺史로서 姑臧을 지배했던 禿髮傉檀과 결탁하여 北涼에 대항하게 되었다. 한편 강남의 東晉에 대해서는 漢人 豪族으로 지지를 받고 있었던 것도 있어서 稱藩하는 태도를 취했고 405년과 407년에 사신을 파견하여 冊封을 요청하였다. 그러나 양자 사이에는 많은 자립 세력이 개재되어 있어서 연락이 곤란하였으며 이 단계에서 책봉은 실현되지 않았다.

西涼은 北涼과 南涼에 비하면 인구도 적고 군사력과 경제력도 열등한 약소국에 머물렀다. 그러나 李暠는 대규모로 屯田을 실시하는 것과 함께 개간과 수리의 정비를 행하는 등 농경과 양잠에 힘을 쏟았고 西域의 여러 나라와 교역에도 열심이어서 경제적으로도 어느 정도 안정된 사회를 구축하였다. 또 유학을 장려하여 학교를 세우고 유학적 교양을 갖춘 宋繇와 劉昞 등을 적극적으로 등용하였다. 吐魯番 출토 문서「秀才對策文」으로부터 西涼이 관리 등용을 위해서 漢代의 選擧制度를 실시했던 것도 알 수 있었다. 西涼은 中原의 漢族 문화에 기초한 사회의 유지에 힘썼던 것이다.

그러나 412년에 北涼이 姑臧으로 천도하고 南涼이 쇠퇴하자 西涼에 대한 北涼의 압력이 증대되었으며 또 柔然과 吐谷渾의 침입도 받게 되었다. 417년 2월 李暠가 병으로 사망하자 차남으로 世子였던 李歆이 涼公 涼州牧 護羌校尉가 되었다. 李歆에 대해서는 418년 10월 東晉으로부터 鎭西大將軍 護羌校尉 酒泉公의 책봉이 실현되었다. 李暠 시기에 실현되지 않았던 책봉이 여기서 실현된 것은 그 전년도 7월에 東晉의 劉裕가 북벌을 감행하여 長安을 회복한 것이 영향을 미친 것이다. 李歆은 420년 6월 劉裕에 의해서 宋이 건국된 이후 7월에 西秦, 高句麗, 百濟와 함께 책봉을 받았고 將軍 호칭은 征西大將軍으로 승진되었다. 이어서 강남 정권의 외교 체제의 일환으로 편입되었던 것이다.

〈도표 39〉 吐魯番 出土文書의 「西涼秀才對策文」

(中國文物研究所等(編),『吐魯番出土文書 1』, 文物出版社, 1992.)

한편 西涼은 417년 李暠의 사망 이후 매년 北涼과 충돌하였다. 당초 西涼은 張掖으로 쳐들어간 적도 있었지만, 420년 7월의 전투에서는 北涼 의 기묘한 계책에 걸려 패배하고 李歆은 전사하였으며 酒泉도 함락되었 다. 李歆의 동생들은 敦煌으로 도망갔고 동생 李恂이 敦煌에서 涼州刺 史의 지위를 계승하고 항전했지만 北涼 군사의 공격으로 421년 3월에 敦 煌이 함락되고 李恂도 자살하면서 西涼은 멸망하였던 것이다. 그 후 李 歆의 아들 李重耳는 南朝의 宋으로 도망갔다가 나중에는 北魏로 돌아갔 다. 또 李歆의 동생 李翻의 아들 李寶는 姑臧에서 포로가 되었지만 1년 후에 伊吾로 도망갔다가 柔然에 복속되었으며 444년에는 北魏에 귀속되 었다. 또한 그 아들 李沖은 北魏에서 벼슬하여 北魏의 禮制와 律令 제정 에 커다란 역할을 하였다.

<도표 40> 西涼 계보도

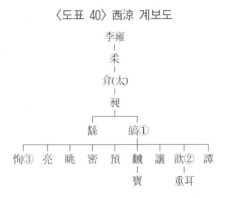

▫ 後仇池

前秦의 약체화 이후 甘肅省 남부에서 자립한 세력으로 後仇池가 있 다. 前仇池의 左賢王 楊難敵의 손자에 해당하는 楊佛奴는 355년의 내란 에서 아버지가 살해당한 이후 前秦으로 도망가서 右將軍이 되었다. 그의 아들 楊定은 苻堅의 딸을 부인으로 삼고 尙書 領軍將軍의 지위에 있었 으며 淝水의 전투 이후에도 苻堅을 받들어 활동하고 있었다. 그러나 385

년 8월에 苻堅이 後秦의 姚萇에게 살해당하자 隴右로 도망갔고, 또 11월에는 歷城(甘肅省 西和縣)으로 이동하여 氐族과 漢族의 사람들을 규합하여 平羌校尉 仇池公을 일컬으며 자립하였다. 이것이 後仇池의 건국이다. 이어서 楊定은 東晉에 稱藩하여 스스로 일컬은 칭호를 인정받았으며, 390년에는 前秦이 쇠퇴한 이후 渭水 상류의 秦州까지 진출하고 隴西王이라 일컬었다. 그러나 그 결과 서방에 세력을 가진 西秦과 충돌하였고 394년 10월에는 크게 패배하여 隴西를 잃음과 동시에 楊定 자신도 사망하였다. 仇池(甘肅省 成縣)에는 楊定의 사촌 형 楊盛이 남아 지키고 있었으나 楊定의 죽음을 알고 仇池公의 자리에 즉위하였다.

後仇池의 주위에는 西秦 이외에 동북방으로 後秦 동남방으로 東晉이 있어 楊盛은 이들 세력과 각각의 외교 관계를 맺고 스스로의 존속에 고심하였다. 즉 396년에는 後秦에 사신을 파견하여 仇池公에 임명되었고 398년에는 北魏에 조공하여 仇池王이 되었으며 또 399년에는 東晉에 稱藩하여 平羌校尉 仇池公이 되었고 404년에는 東晉의 제위를 찬탈하여 楚를 일컫고 있던 桓玄으로부터 西戎校尉에 임명되었다. 단 北魏와의 사이에는 後秦이 개재되어 있었기 때문에 北魏의 長安 점령까지는 큰 영향은 볼 수 없었다. 西秦과는 404년과 405년에 충돌하였고 또 後秦에는 405년에 크게 패했으나 아들 楊難當을 인질로 보내서 겨우 이것을 감당하였다. 412년에 後仇池는 後秦에 거역했기 때문에 後秦의 공격을 받았지만 이것을 물리치고 416년에는 後秦의 祁山(甘肅省 禮縣)을 공격하였다. 後秦과의 대립은 417년 後秦이 멸망할 때까지 계속되었지만 그 이후는 關中에 진출한 夏와 충돌하게 되었다. 420년에는 東晉을 대신한 宋이 성립되었고, 楊盛은 422년에 武都王으로 바꿔 일컬었지만 연호는 東晉의 義熙를 계속 사용하였다.

425년 6월 楊盛이 사망하고 그 아들 楊玄이 武都王으로서 지위를 계승하였다. 죽음을 앞에 두고 楊盛은 楊玄에게 말하기를 "나는 이미 늙었으니 晉(東晉)의 신하인 채로 있고 싶다. 그러나 너는 宋의 황제를 섬기도

록 해라."라고 하였다. 楊盛이 주변의 여러 세력 속에서 東晉과의 관계를
중시하던 것을 회고하고 또한 차세대에는 그 뒤를 이은 宋과의 관계를 중
시할 것을 요구한 것이다.

楊玄은 아버지의 유언에 의해 宋의 연호 元嘉와 正朔을 받들게 되었
다. 그러나 426년 12월에 北魏가 長安을 획득하자 楊玄은 즉시 北魏에
사신을 파견하였다. 華北에 있어서 北魏의 強大化 속에서 南朝 중시 노
선은 재빨리 깨뜨리고 南北 兩朝와의 통교를 꾀했던 것이다. 429년에 楊
玄이 사망하고 그 아들 楊保宗이 즉위하였지만 楊玄의 동생 楊難當이
楊保宗을 폐하고 스스로 즉위하여 宋에 稱藩하였다. 楊難當은 432년에
먼저 폐위한 楊保宗을 宕昌(甘肅省 宕昌縣)으로 차남 楊順을 上邽(甘肅
省 天水市)로 보내 주둔하여 지키게 하였다. 그 해 後仇池는 기근이 덮쳤
기 때문에 楊難當은 宋에서 일어난 司馬飛龍의 亂에 편승하여 梁州(四
川省 동부) 북부를 습격하고 漢中을 점령하였지만, 宋의 蕭思話의 반격
에 의해 434년에는 宋에 사죄하고 복종하게 되었다. 宕昌에 주둔하여 지
키던 楊保宗은 432년에 楊難當을 습격했으나 실패하고 붙잡혔지만, 435
년에는 석방되어 董亭(甘肅省 天水市)에 주둔하여 지키게 되었다. 그러나
그 후에 형 楊保顯과 함께 北魏로 망명하고 말았다.

楊難當이 자립하여 大秦王이라 일컫고 建義라는 연호를 세웠던 것은
436년 3월이었다. 이 때 楊難當은 부인을 왕후로 하고 世子 楊和를 太子
로 고쳤다. 즉 後仇池는 이 단계에서는 南北 兩朝의 책봉 체제로부터 이
탈하여 완전한 독립국가의 체제를 이루게 되었다. 前仇池와 後仇池를 통
틀어서 연호를 가진 것은 이 때 뿐이었다. 이어서 楊難當은 北魏가 지배
하고 있던 上邽를 공격하였지만 이것은 실패하였다. 北魏는 이러한 後仇
池의 공세에 대해서 먼저 망명하고 있던 楊保宗을 上邽 등에 주둔하여
지키게 하는 것으로 대응하였다.

440년 楊難當은 큰 가뭄과 재해를 이유로 왕의 호칭을 大秦王에서
武都王으로 바꿨고 다음해인 441년 宋의 益州(四川省) 북부를 공격하였

지만 격퇴당하고 마침내 442년 윤5월에는 仇池를 버리고 北魏로 망명하였다. 後仇池는 여기서 멸망한 것이다. 楊保宗은 北魏를 배반하려다가 잡혔고 443년 4월에 살해당했으며 仇池도 北魏에 의해 평정되었다. 다만 仇池의 氏族은 그 후에도 때로는 자립하면서 南北 兩朝의 대립 사이에서 세력을 유지하면서 6세기말까지 집단을 유지하였다.

〈도표 41〉後仇池 계보도

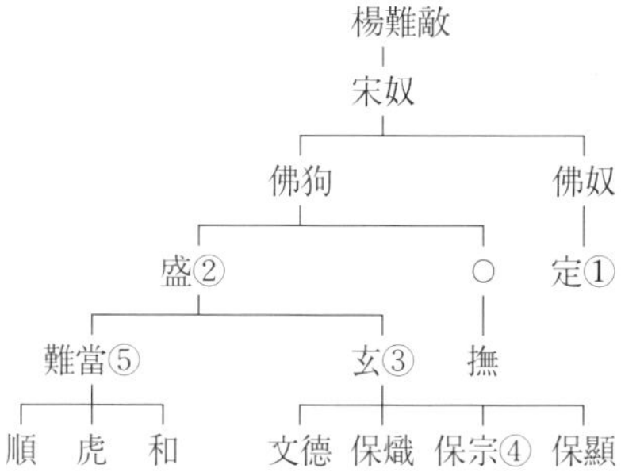

```
                    楊難敵
                      │
                     宋奴
              ┌───────┴───────┐
            佛狗              佛奴
        ┌────┴────┐            │
       盛②      ○ 定①
    ┌───┴───┐     │
  難當⑤    玄③  撫
 ┌──┼──┐  ┌──┼──┬──┐
順 虎 和 文德 保熾 保宗④ 保顯
```

□ 北魏

代國이 376년 11월에 前秦에 의해 멸망될 무렵 代王 拓跋什翼犍의 손자인 拓跋珪는 모친과 함께 모친의 출신 부락인 賀蘭部로 도망갔고, 또한 前秦 지배 하에 일찍이 代國의 동부를 통치하고 있던 劉庫仁에게 몸을 의탁하였다가 384년 10월에 劉庫仁이 사망하고 후계자 쟁탈이 일어나자 拓跋珪는 다시 賀蘭部로 도망갔다. 淝水의 전투에서 前秦의 패배로 인하여 각 민족의 자립 물결은 長城 지대에도 이르렀다. 賀蘭部에 몸을 의탁하고 있던 拓跋珪는 396년 1월에 賀蘭部 등의 추대를 받아서 牛川(內蒙古自治區 興和縣)에서 代王의 지위에 즉위하고 登國으로 연호를 정하였으며 또 4월에는 魏王으로 바꿔 일컬었다. 이것이 北魏의 건국이다.

拓跋珪는 즉위 초기에는 오르도스의 劉衛辰과 劉庫仁을 계승한 劉顯의 세력에 압박당해서 그 영역은 盛樂(內蒙古自治區 和林格爾縣)을 중심으로 하는 한정된 범위로서 拓跋什翼犍 시대에 비해서도 소규모 세력에 지나지 않았지만, 389년 7월에 後燕과 손을 잡고 劉顯을 무찌르고서부터 세력 확대로 나아갔다. 즉 391년 12월에는 일찍이 代國의 서부를 통치하고 있던 劉衛辰의 세력을 멸망시켰고 그것과 전후하여 高車와 柔然, 庫莫奚에 대해서도 공격을 가했으며 390년대 전반에는 오르도스에서부터 몽골에 이르는 지역의 대부분을 北魏의 세력 하에 추가하였다. 그 결과 현재의 河北省 북부에서 後燕과 서로 충돌하게 되었으나 395년 11월 침공해 온 後燕의 군사를 三合陂(內蒙古自治區 涼城縣)에서 공격하여 승리하였으며 그것으로 인해 華北 진출의 길이 열렸다.

396년 6월에 北魏는 後燕으로부터 廣寧(河北省 涿鹿縣), 上谷(河北省 懷來縣)을 획득하였고 9월에는 幷州(山西省)를 영유하였으며 동방에서도 後燕의 본거지를 침입하여 常山(河北省 石家莊市)을 획득하였기 때문에 中山(河北省 定州市), 信都(河北省 冀州市), 鄴(河北省 臨漳縣)을 제외한 常山 이동의 많은 지역도 北魏에 복속되었다. 그리고 信都는 397년 1월에 中山은 같은 해 10월에 또한 鄴은 398년 1월에 확보하였다. 이것에 의해 北魏는 옛날 後燕의 영토 중에서 黃河 이북의 땅을 거의 영유해서 中原의 지배자 지위를 손에 넣게 되었다.

이러한 세력 확대를 배경으로 拓跋珪는 398년 7월에는 平城(山西省 大同市)으로 천도하였고 12월에는 정식으로 황제에 즉위하였다. 그는 나중에 道武帝라는 시호가 내려졌다. 北魏는 後燕을 공격하고 中原을 영유해가는 과정에서 後燕 정권으로부터 대량의 漢人 유력자를 획득하였다. 그 속에는 崔宏을 시작으로 鄧淵과 董謐 등이 있어서 北魏의 국가 조직과 지배 체제의 확립에 힘을 쏟았다. 그들의 힘을 활용 가능했던 것이 그 후의 北魏의 발전으로 연결되었다고 할 수 있다.

한편으로 後趙와 前燕, 後燕과 다르게 수도를 中原으로 옮기는 일은 하지 않고 북쪽의 平城을 수도로 하였으며, 이것을 중심으로 하는 목축 지대에 기반을 두고 中原의 농경 지대를 지배하는 체제를 채택하였다. 北魏

의 기초는 道武帝 시기에 확립되었다. 그러나 인구에서는 아직 200만 명 정도에 지나지 않았다.

道武帝는 409년 10월에 둘째 아들 拓跋紹에게 살해당하고 큰 아들인 拓跋嗣가 拓跋紹를 살해하고 황제의 지위에 즉위하였다. 明元帝이다. 明元帝는 대외적으로는 북방의 高車와 柔然에 대해서 여러 차례 공격을 감행하였다. 동방에서는 遼西의 北燕과 山東의 南燕, 서방에서는 關中의 後秦과 오르도스의 夏와 국경을 접하고 남방의 東晉과 대항하였다. 北魏는 華北의 세력과는 직접 무력으로 충돌하는 경우는 없었으나, 410년에 南燕과 417년에 後秦이 東晉의 劉裕에 의해 멸망되는 것으로 강남 왕조와의 대립이 점차 선명하게 되었던 것이다.

〈도표 42〉 大同市 남쪽 교외

北魏 군사는 이 부근을 통해서 남방으로 진출하였다.

423년 11월 明元帝 拓跋嗣는 병으로 사망하고 큰 아들 拓跋燾가 즉위하였다. 太武帝이다. 太武帝 즉위 무렵에 華北에는 夏, 西秦, 北涼, 北燕, 後仇池가 존속하고 있었으나 北魏에 대항할 수 있는 세력은 夏 뿐이었다. 太武帝는 이들 여러 나라와 그 외부에 위치한 高句麗, 吐谷渾 등의 세력에 대해서 적극적으로 교섭하면서 東晉의 뒤를 계승한 南朝의 宋과의 사이에도 빈번한 외교 교섭을 전개하였다. 그리고 427년 6월 太武帝는 스스로 10만의 군사를 이끌고 夏의 統萬城을 공격하여 함락시키고 오르도스로부터 河西로의 교통로를 확보하였다. 夏는 그 후 西秦을 멸망시켰지만 직후에 吐谷渾에게 멸망되었기 때문에 430년대 華北에는 北燕과 北涼, 後仇池가 잔존할 뿐이었다. 그 중 北燕에 대해서는 그 망명 정권 遼西國을 이용하여 뒤흔들었고 436년 4월에 1만 명의 정예 군사로 공격하여 北燕을 멸망시켰다. 그리고 439년 9월에는 太武帝 스스로 대군을 거느리고 北涼을 공격하여 멸망시키고 또한 442년에는 後仇池도 멸망시켰다. 이렇게 하여 北魏는 약 150년에 달하는 華北의 분열을 수습하고 華北의 통일 정권을 수립하였다.

〈도표 43〉 北魏 계보도

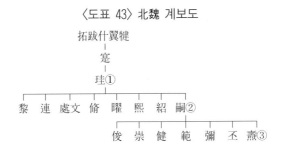

이상 본 3장에서는 23개의 나라들에 대해서 정치 과정을 중심으로 개략적으로 살펴보았다. 이처럼 華北에서는 3~5세기에 있어서 격렬하게 국가의 흥망이 반복되었고 최종적으로는 北魏에 의해 통일되었다. 그러나 실제로 이 시기에는 여기서 거론한 23국 이외에도 짧은 기간에 또 좁은 범위를 차지했을지라도 자립 세력이 존재하였다.

연호가 기록에 남아있는 것만 보아도 320년에 關中에서 자립한 巴의 句渠知가 건립한 大秦, 337년에 安定(甘肅省 涇川縣)에서 자립한 侯子光, 352년에 漢中에서 秦王을 일컬은 張琚, 374년에 成都(四川省 成都市)에서 蜀王을 일컬은 張育, 394년에 秦王을 일컬은 竇沖, 또 405년에 蜀에서 成都王을 일컬으며 9년간 자립 정권을 유지했던 譙縱 등이 있었다. 또한 鮮卑의 段部도 4세기 전반에는 後趙와 前燕 사이에서 자립하였고 양국의 항쟁에 영향을 주었다. 이들 세력과 여기에 거론된 23개 국가를 나누는 명확한 기준은 없다. 五胡十六國의 16이 앞에서 서술한 것처럼 실상과는 구별되는 시기로부터 관용화된 숫자인 것과 같이 23도 결코 의미가 있는 숫자는 아니다. 중요한 것은 이 시대에 漢族과 五胡를 막론하고 각 세력이 그 의욕과 조건에 의해서 자립할 수 있는 시대였다는 것이다.

〈도표 44〉 十六國 일람표

국명	자칭국명	건국자	건국	멸망	지배민족
成 漢	成都→大成	李 雄	302. 5	347. 2	巴
前 趙	漢→趙	劉 淵	304.10	329. 9	匈奴
後 趙	趙→大趙→趙	石 勒	319.11	351. 4	羯
冉 魏	大魏	冉 閔	350. 2	352. 8	漢
前 燕	燕→大燕	慕容 皝	337. 9	370.11	鮮卑(慕容)
前仇池	仇池	楊茂搜	296	371. 4	氐
前 涼	涼	張 軌	301. 1	376. 8	漢
代	代→西平	拓跋猗盧	310.10	376.12	鮮卑(拓跋)
前 秦	秦→大秦	苻 洪	351. 1	394.10	氐
西 燕	燕	慕容 冲	384. 4	394. 8	鮮卑(慕容)
後 燕	燕	慕容 垂	384. 1	407.10	鮮卑(慕容)
南 燕	燕	慕容 德	398. 1	410. 2	鮮卑(慕容)
北 燕	大燕→燕	高 雲	407. 7	436. 4	高句麗→漢
翟 魏	魏	翟 遼	388. 2	392. 6	丁零
後 秦	秦→大秦	姚 萇	384. 4	417. 8	羌
西 秦	河南→秦	乞伏國人	385. 9	431. 1	鮮卑(乞伏)
夏	大夏	赫連勃勃	407. 6	431. 6	匈奴
後 涼	酒泉→三河→大涼	呂 光	386.10	403. 8	氐
南 涼	西平→武威→河西→涼	禿髮烏孤	397. 1	414. 6	鮮卑(禿髮)
北 涼	建康→涼→張掖→河西	段 業	397. 5	439. 9	漢→盧水胡
西 涼	涼	李 暠	400.11	421. 3	漢
後仇池	仇池→武都→大秦→武都	楊 定	385.11	442. 5	氐
北 魏	代→魏	拓跋珪	386. 1	534	鮮卑(拓跋)

제4장

十六國의 국제 관계와 불교와 국가 의식

十六國은 중국 북부에서 흥망 하였지만 그 주위에는 한반도, 西域, 몽골 고원 그리고 강남의 세계가 전개되었다. 十六國이 十六國끼리의 관계와 그들 지역과의 관계를 구별하여 교섭을 행했을 리가 없다. 그러나 현실에서는 十六國끼리의 관계와는 상당히 이질적인 교류가 전개되었던 것도 사실이다. 특히 十六國과 西域과의 관계의 심화에 따라 그 후의 중국 사회에도 커다란 역할을 수행한 불교가 중국에 깊이 침투하게 되었다. 또 東晉과의 사이에서는 東晉이 漢, 魏를 이어 이른바 중국 정통 왕조라는 것으로부터 十六國의 일부에서는 국가 의식과의 관련이 커다란 문제가 되었다. 본 4장에서는 국제 관계를 둘러싼 이러한 여러 문제에 대해 검토하고 싶다.

제1절 朝鮮 반도와의 관계

▫ 高句麗로의 망명자

앞 장에서 서술한 것과 같이 五胡十六國 시대에는 中原을 중심으로 격렬한 권력 투쟁이 펼쳐졌다. 그러한 과정에서 그 투쟁에 패배한 사람들이 주변 지역으로 도망가는 현상도 여러 차례 발생하였지만 특히 朝鮮 반도는 그들에게 있어 적당한 피난 장소였다. 이하 몇 가지의 사례를 보도록 하자.

4세기 초 東晋의 平州刺史 東夷校尉였던 崔毖는 中原으로부터의 漢族 유랑자를 받아들여 세력 확대를 꾀했다가 실패 하였다. 崔毖는 그 당시 遼東에 세력을 계속 떨치고 있던 前燕의 시조 慕容廆가 유랑자를 억류하고 있었던 것이 실패의 원인이라고 생각하여 319년 高句麗와 鮮卑 宇文部와 段部와 결탁하여 慕容廆 공격을 단행하였다. 그러나 慕容廆는 각 세력 연대의 취약함을 꿰뚫고 먼저 宇文部를 대파하였고 또한 崔毖를 공격하였기 때문에 거꾸로 崔毖는 고구려로 망명하였다.

또한 前燕으로부터도 高句麗로 망명간 사람이 있었다. 333년 慕容廆의 사망 이후 셋째 아들 慕容皝이 통지자의 자리를 세승하였시만 慕容皝의 동생 慕容仁이 遼東의 平郭(遼寧省 蓋州市)을 근거지로 하여 저항하였고, 慕容部의 세력은 遼西의 慕容皝과 遼東의 慕容仁으로 양분되었다. 336년 慕容皝은 慕容仁의 예상을 꿰뚫고 遼東 공격을 감행하여 慕容仁을 사로잡아 살해하였다. 이 때 慕容仁의 진영으로부터 동방으로 도망간 자들이 있었는데 그 중 佟壽와 郭充은 高句麗에 이르렀다. 佟壽는 이전에 慕容皝의 司馬였지만 慕容仁을 배반하고 또 高句麗로 망명했던 것이다. 그 후 佟壽 등의 기록은 사서에서는 사라졌지만 1949년에 朝鮮 반도의 황해남도 安岳郡에서 발견된 安岳 3號墳에서 68자에 이르는 佟壽의 墓誌가 발견되었다. 이 고분은 횡혈식 석실분으로 묘실 면적은 朝鮮 반도에서 최대의 벽화 고분이며 墓誌는 그 서쪽 측실 벽면에 먹으로 쓰여 있었다. 墓誌에는 冬壽로 기록되어 있으나 이것은 중국 사서에 기재되어 있는 佟壽와 음이 통하는 것으로 동일 인물임에 틀림없다. 墓誌에 의하면 使持節 都督諸軍事 平東將軍 護撫夷校尉 樂浪相 昌黎玄菟帶方太守 都鄉侯인 佟壽가 東晋의 永和13년(357년)에 이 땅에서 69세에 사망한 것을 알 수 있었다. 이 고분의 被葬者에 대해서는 高句麗의 美川王과 故國原王 등의 가능성도 지적되었으나 佟壽 본인일 가능성이 높다.

〈도표 45〉安岳3號墳 주인공의 얼굴

佟壽의 묘라고 한다면 이 얼굴은
五胡十六國 시대 漢人의 모습을 나타내는 것이 된다.

　佟壽가 高句麗에 망명하고 2년 후에 이번에는 後趙로부터의 망명자가 있었다. 338년 後趙는 前燕을 공격하여 棘城(遼寧省 義縣)까지 진출하였고 前燕에게 투항을 권유하였다. 前燕의 居就令 游泓과 東夷校尉 封抽, 護軍 宋晃 등은 이것에 응하여 後趙에 투항했지만, 이 후 慕容皝의 後趙에 대한 대규모 공격으로 游泓, 封抽, 宋晃은 이번에는 高句麗로 도망쳤다.

　이어서 370년 또다시 前燕으로부터 太傅 慕容評이 망명하였다. 前秦의 前燕 공격에 의해 수도 鄴이 함락되고 또 前秦의 遊擊將軍 郭慶이 동방으로 진출하여 龍城(遼寧省 朝陽市)에 도달한 시기의 일이다. 그러나 郭慶의 군사가 쳐들어오자 高句麗는 慕容評을 구속하여 前秦으로 송환하였다. 高句麗는 前秦의 세력을 두려워하여 前秦과의 관계를 우선시하였던 까닭이었다.

　또 414년 北燕의 馮丕도 망명지인 高句麗에서 귀환하였다. 게다가 435년 이래 北魏의 압력을 받고 있었던 北燕의 天王 馮弘은 일이 생기면

高句麗에 의지하는 조약을 체결하고 있다가 436년 高句麗가 지배하는 遼東으로 망명하였다. 그러나 망명 이후의 馮弘과 高句麗와의 관계는 반드시 원만하다고는 할 수 없지만 北魏로부터 馮弘의 인도를 요청 받자 高句麗는 438년에 馮弘을 살해해 버렸다.

또 4세기 초에 나중에 前趙의 황제가 된 劉曜가 洛陽(河南省 洛陽市)에서 처벌당할 무렵에 朝鮮으로 도망갔고 그 후에 사면되어 귀국하여 前趙의 제위를 계승했다는 기록도 있다. 여기의 朝鮮이 구체적으로 어느 지역을 가리키고 있는지는 명백하지는 않지만 樂浪郡 치하의 朝鮮縣일 가능성이 높다. 그렇다고 하면 이것도 十六國으로부터 高句麗에 인접한 朝鮮 반도로의 망명의 한 예로 생각할 수 있을 것이다.

그 외에 사서에는 기록되어 있지 않지만 1976년에 朝鮮 반도의 평안남도 南浦市에서 발견된 횡혈식 석실분 德興里 고분에서 벽화와 함께 600자 이상의 주목할 만한 글씨가 확인되었다. 그 중 前室 북쪽 벽의 글씨는 墓誌의 성격을 지녔고 거기에는 被葬者는 "아무개 鎭"이라는 인물로서 408년 경 77세에 사망한 것과 安平 信都(河北省 安平縣) 출신이라는 것과 역임한 최고의 관직은 幽州刺史였던 것 등이 기록되어 있었다. 따라서 五胡十六國 시대 중국으로부터의 망명자라고 생각되어지지만 어느 세력으로부터의 망명자인지 등은 불분명하였다.

이들 망명자가 단독으로 망명했다고는 생각되어지지 않고 또 安岳3號墳과 德興里 고분의 규모와 구조, 安岳3號墳의 東晉의 연호와 관직명의 사용 등의 내용으로부터 그들은 高句麗에 대해 반독립적인 입장을 지니고 있었다고 생각되어지거나 집단으로서의 형태도 느껴진다. 즉 한사람의 망명자의 배후에는 많은 사람의 이동이 있었다는 것이다. 또 平壤과 그 주변의 墓室에서 벽돌이 사용되어진 무덤으로부터 東晉의 연호를 기록한 벽돌이 발견되고 있는 것에서도 중국 史書에 남겨진 이상의 사람들이 朝鮮 반도 북부로 이주하고 있었던 것을 추측할 수 있었다.

▫ 遼西, 遼東과 朝鮮 반도의 관계

이상과 같이 十六國에 있어서 朝鮮 반도 특히 高句麗는 中原과 遼東, 遼西에서의 항쟁에서 패배했을 때의 피난 장소적인 측면도 가진 지역이었다. 朝鮮 반도가 그러한 장소로 인식되어졌던 배경으로서 遼西-遼東-朝鮮 반도 북부와 연결되는 지역의 연속성이 지적되지 않으면 안 될 것이다. 그러나 이 연속성은 十六國과 高句麗와의 정치적 군사적 항쟁에도 연결되었다. 특히 前燕의 慕容皝이 왕위에 즉위한 337년부터의 수년간은 前燕의 세력이 현저하게 동방으로 확대된 시기였다. 慕容皝은 339년에 高句麗를 공격하여 복속시키고 또한 342년에는 高句麗의 수도 國內城(吉林省 集安市)까지 이르러 궁실을 태우고 도성을 파괴하였다. 그 때 高句麗王 釗의 아버지 乙弗利의 묘를 파헤치고 屍身을 가지고 갔고 왕의 모친과 아내도 함께 데리고 갔으며 남녀 5만 명을 遼東으로 이주시켰다고 한다. 다음해 高句麗王 釗는 前燕에 신하로서 복종하고 屍身을 되찾았고, 355년에 前燕은 高句麗王 釗를 征東大將軍 營州刺史 樂浪公 高句麗王으로 임명하여 양국의 관계는 안정되었으며 이 칭호는 이 이후의 중국 왕조가 주변 세력에 준 관작의 선례를 열었다.

그 후 前燕 정권의 붕괴 때와 淝水의 전투 직후에 幽州(河北省 북부)와 冀州(河北省 남부)의 流民이 高句麗로 흘러 들어왔다. 또한 385년 6월에 高句麗가 後燕의 遼東 지방을 습격하고 遼東(遼寧省 遼陽市), 玄菟(遼寧省 瀋陽市)를 함락시켰지만, 곧 11월에 慕容農이 반격하여 遼東, 玄菟를 회복하였고 高句麗로 유입되어 간 사람들을 귀순시켰다. 後燕은 또 400년 2월에도 高句麗를 습격하여 5,000여 戶를 遼西로 徙民하였다. 이와 같이 高句麗와 後燕의 공방이 반복된 것과 함께 사람들의 이동도 반복되었다.

그러나 동시에 前燕, 前秦, 後燕이라는 遼西와 遼東을 지배한 세력과 高句麗와의 관계는 긴밀하게 되었고, 이러한 관계에 의해 중국으로부터 모든 제도와 문화가 朝鮮 반도에 들어온 것도 사실이다. 372년에 前秦으로부터 불교가 공식적으로 전해졌다는 기록은 정말로 十六國과 朝鮮과의 관계를 상징하고 있다고 말할 수 있다. 또 李成市의 연구에 의하면 高句麗에 망명했던 사람들은 高句麗의 十六國에 대한 외교와 東晉에 대한 외교 및 高句麗 왕권의 발전에 커다란 역할을 했던 것이다.

제2절 서방, 북방과의 관계

□ **西域 경영**

前涼의 전성기인 張駿 시대가 되자 西域의 여러 국가들은 汗血馬(피와 같은 땀을 흘린다고 하는 준마), 火浣布(石綿으로 짜서 불에 타지 않는 천), 犛牛(목 부분의 살이 튀어 나온 소), 공작, 거대한 코끼리 등의 진기한 물건을 前涼에 바쳤다. 三國 시대와 西晉 시대에는 관계가 소원했던 西域과 중국과의 관계가 五胡十六國 시대에 들어와 涼州(甘肅省)에 거점을 둔 정권이 수립되었기 때문에 또다시 활발하게 되었다. 前涼은 西域으로부터의 경제적 이익의 확보와 中原 국가의 대책을 위해 西域과 中原 국가와의 중계 무역을 도모하였고 西域長史를 樓蘭(新疆省 維吾爾自治區 羅布泊)에 두고 적극적인 西域 정책을 전개하였다.

그 무렵 天山南路의 요충지 吐魯番 분지의 高昌에서는 西晉의 戊己校尉를 일컫은 趙貞이 사실상 독립하고 있었으나, 前涼은 327년에 趙貞을 토벌하고 高昌을 병합하였다. 또한 335년에는 西胡校尉 楊宣을 파견하여 鄯善, 龜玆(新疆省 維吾爾自治區 庫車縣)를 토벌하였다. 이렇게 하여 西域으로의 통로를 확보한 결과 焉耆(新疆省 維吾爾自治區 焉耆回族自治縣), 于闐(新疆省 維吾爾自治區 和田市)도 前涼에게 조공하게 되었다. 또 345년 12월에도 楊宣을 보내어 焉耆를 토벌하고 타림분지 東部는 거의 前涼의 지배 하에 편입되었으며 西域 여러 나라로부터 상인과 승려의 왕래가 이어졌다.

376년 7월 前秦이 前涼을 멸망시키고 涼州를 지배 하에 두었기 때문에 西域 경영은 前秦에 의해서 담당하게 되었다. 前秦은 中書令으로서 前涼 공격을 담당한 梁熙를 涼州刺史에 임명하고 姑臧(甘肅省 武威市)에 주둔시켜서 西域 경영을 전개하였다. 梁熙가 西域의 각 나라에 사신을 파견하여 苻堅의 위엄과 덕을 찬양하자 大宛(훼르가나)을 시작으로 하는 西域의 10여 국가가 잇달아 前秦에 조공하였다. 苻堅은 西域 각 나라의 경제력에 강한 관심을 갖게 되었고 382년 9월에 吐魯番 車師前部의 王 彌寞과 鄯善의 王 休密馱가 前秦의 출병을 요청해 온 것을 계기로 西域 원정을 결심하였다. 都督 西討諸軍事 呂光이 거느리는 7만 5,000명의 대군은 383년 1월 鄯善의 王과 車師前部의 王을 안내자로 해서 長安을 출발하고 敦煌, 高昌을 지나 10월에는 焉耆를 384년 7월에는 龜茲를 항복시키고 西域 평정을 완료하였다.

그러나 前秦이 淝水의 전투에서 패배하였기 때문에 涼州刺史 梁熙는 384년에 後秦의 연호 白雀을 사용하며 後秦에 귀속해 버렸다. 이것에 대해 呂光이 385년 9월에 梁熙를 멸망시키고 또 後涼을 건국하였기 때문에 後涼이 西域 경영을 전개하게 되었다. 呂光은 아들 呂覆을 西域大都護로 임명하여 高昌에 주둔시키고 高昌을 거점으로 하여 西域 정책을 추진하였다. 呂光이 사망한 이후에 敦煌, 高昌 지역은 北涼으로부터 西涼 또다시 北涼으로 그 지배자를 바꾸었지만 西域 경영은 이러한 세력에 의해 계승되었다. 이들 세력의 西域 경영은 군대를 파견하여 오아시스 도시를 영유하는 것보다, 상인을 끌어들여 關稅와 市稅를 징수하는 방법을 채택하였다. 이러한 西域 경영을 통해서 중국에는 西域의 진귀한 보물과 불교가 유입된 것이다.

▫ 吐魯番(투루판)

十六國의 西域 경영의 거점의 하나가 吐魯番이다. 吐魯番은 天山山脈 동쪽 끝의 남쪽 기슭 타림분지의 동북에 위치하는 분지이다. 겨울과 여름의 寒暑의 차는 크고 강수량은 적지만 토지는 비옥하고 관개에 의한 곡물과 과수의 재배가 풍성하였다. 중국에 알려지기 시작한 것은 기원전 2세기 경부터이지만 前漢이 匈奴와의 西域 경영을 둘러싼 싸움을 제압한 기원전 1세기 경부터는 漢族의 植民이 시작되었다. 이 이래로 漢族이 토착

하여 漢族 사회가 형성되었고 前涼 시대에는 高昌郡이 설치되었다.

〈도표 46〉高昌故城

前涼이 吐魯番에 진출하여 高昌郡을 설치한 후에
郡의 관공서가 세워졌다. (촬영: 町田隆吉)

　　吐魯番이 특별히 주목받는 것은 이 땅에서 대량의 문서가 발견되면서
부터이다. 吐魯番에서는 19세기 말부터 독일의 르·콕크와 그룬베테르, 영
국의 스타인, 일본의 오타니(大谷) 탐험대 등에 의한 발굴 조사가 진행되었
고, 그것은 중화인민공화국 성립 이후에도 계속되었다. 그 결과 아스타나(阿
斯塔那)와 카라호자(哈拉和卓)라고 불리는 古墳群 등으로부터 많은 木簡
과 종이에 기록된 문서가 발견되었고, 특히 중화인민공화국 성립 이후의 조
사에서 그 수는 2만 7,000점에 달했으며 그것들을 연결하여 합한 결과 약
1,600점의 漢文 문서가 복원되었다. 그 대부분은 唐代의 문서이지만 五胡
十六國 시대의 것도 160여점에 이르러 이 시대의 역사의 해명에 큰 기여를
하고 있었다. 이들 문서를 분석한 것에 의해 五胡十六國 시대 涼州를 중심
으로 하는 여러 세력의 갈등과 그 시대의 사회와 경제 상황 등이 명확해지
고 있다.

　　北魏가 北涼을 멸망시킨 후인 442년 9월 吐魯番에서는 北涼王 沮渠

牧犍의 동생 沮渠無諱의 정권이 성립되었다. 이것이 北魏로부터 독립한 국가이고 高昌國의 기원이 되었다. 高昌國의 왕통은 그 후 沮渠氏로부터 闞氏, 張氏, 馬氏, 麴氏로 변천하지만 唐에 지배받을 때까지 약 200년 동안 독립을 유지하였다. 吐魯番은 五胡十六國 시대 대체로 涼州의 지배자에 의해 통치되었지만 때에 따라서 독자적인 행동을 취하는 지역도 있어서 五胡十六國 시대 이후에도 그 흔적을 잠시 머무르게 하였던 것이다.

□ 吐谷渾

吐谷渾은 鮮卑의 한 부족으로 3세기 말에 前燕 慕容廆의 이복형 吐谷渾에게 이끌린 집단이 遼東으로부터 서방의 陰山의 북쪽으로 이동한 것이 그 시작이고 그의 이름이 집단의 명칭이 되었다. 吐谷渾의 집단은 4세기 초 永嘉의 亂을 만나 河西로 이동하였고, 또 현재의 靑海省 西寧市 부근을 중심으로 하는 지역에 이르러 유목 생활을 전개하여서 西部鮮卑에 포함할 수 있었으며, 그 이동 과정에서 匈奴와 羌族과의 융합도 진행되었다. 吐谷渾은 十六國이 흥망 했던 지역의 서남에 위치하였고, 371년에 前秦과 교섭을 가진 이후 조공을 바치고 관작을 받거나 혹은 군사 행동 등 十六國과의 관계가 밀접하게 되었다. 그러나 南北朝 시대도 포함하여 주변 세력에 의해 완전히 지배되는 경우는 없었고 7세기 중엽에 吐藩(티베트)에게 멸망당하기까지 독립을 유지하였다.

『魏書』「吐谷渾傳」에 이르기를..

> 慕瑰는 秦州, 涼州의 유랑자와 羌戎의 雜夷 무리 5~600 부락을 모아 남쪽은 蜀漢에 통하고 북쪽은 涼州, 赫連과 교류해서 부락의 무리가 번성하였다.

라고 하였다. 慕瑰는 426년부터 436년에 재위했던 吐谷渾의 王이고 吐谷渾의 十六國과의 관계는 이 기록에 잘 나타나 있다고 할 수 있다. 즉 이웃의 十六國과 東晉, 南朝와 교류하면서 秦州(甘肅省 동부)와 涼州에서의 항쟁으로부터 도망간 사람들을 받아들이며 때에 따라서 十六國의 항쟁에 직접 관여하였다. 夏를 최종적으로 멸망시킨 것은 吐谷渾이다. 동방의 高句麗와 대응하는 세력으로 이해할 수 있을 것이다.

◦ **柔然**

　몽골 고원에서는 鮮卑가 중국으로 南遷한 후 몽골 계통으로 생각되어지는 유목 민족 柔然(蠕蠕, 芮芮라고도 쓰임)이 세력을 떨쳤다. 柔然은 4세기 초에는 拓跋部에 종속하고 있었으나 376년에 代가 멸망하자 夏의 조상에 해당하는 匈奴 劉衛辰에게 복속하였다. 北魏가 건국되고 그 압력을 받았지만 4세기 말에 출현한 우두머리 社崙의 지배 하에서 세력을 확대하였으며 後秦과 연대하면서 北魏에 대응하였다. 그 결과 5세기 초에는 몽골 고원을 중심으로 동쪽으로는 朝鮮에서부터 서쪽으로는 西域의 焉耆에 이르는 광대한 범위를 확보하였고 402년에 처음으로 可汗(북아시아 유목민 우두머리의 칭호)을 일컬었다. 이 이후 柔然은 北燕과 통혼하거나 北涼을 경유하여 강남의 東晉, 宋과 연결하는 등 北魏의 북방에 있어서 그 華北 지배 정책 전개의 저해 요인이 되었으며 이것은 결국 南北朝 시대까지 이어졌다. 五胡十六國 시대 후기 北魏에 압박당하고 있는 여러 나라에 외교의 선택권을 제공했다고 할 수 있다.

제3절 불교의 전개

□ 涼州의 불교

十六國에 의한 西域 경영 전개의 한 결과가 중국에 있어서 불교 전파의 진전이었다. 불교는 서력기원 전후에 西域을 경유하여 중국에 전래되었고, 1세기 후반에는 後漢의 종실과 고위 관료의 신자도 출현하게 되었다. 2세기 후반에는 安息(팔티아. 기원전 3세기부터 기원 3세기에 걸쳐서 이란을 지배한 왕조)인 승려 安世高와 月氏(기원전 2세기 초에 匈奴에 의해 몽골 고원에서 쫓거나 중앙아시아로 이동한 민족. 여기서는 기원 1세기부터 3세기에 걸쳐 중앙아시아, 서북 인도를 지배한 쿠샨 왕조를 말함)인 승려 支婁迦讖에 의해서 경전의 번역도 행해지고 있었으나, 출가하여 승려가 되는 것은 외국인에 한정되어서 중국 사회에 큰 영향을 미치지는 못했다.

불교가 중국에서 일반적으로 수용되게 된 것은 4세기부터이고 거기에는 涼州의 정권에 의해 西域 경영이 진전되고 중국과 서방의 교류가 활발하게 된 것이 영향을 끼치고 있었다. 이미 西晉 시대에 竺法護가 경전 번역(譯經) 활동을 계속하여서 涼州 불교 발전의 기초는 굳어져 있었으며, 여기에 前涼 정권의 불교 보호 정책과 張駿이 龜玆, 鄯善을 지배하고 焉耆, 于闐과 교섭을 가진 것이 더해져서 涼州가 불교의 대규모 중심지가 되었으며 또한 中原으로의 도입지가 된 것이다.

예를 들면 佛圖澄은 龜玆 출신으로 310년 洛陽에 나타났는데 前涼 지배하의 涼州를 거쳐 中原으로 온 것이다. 그 외에 前涼 시기에 西域으로부터 도래한 승려로는 月氏 사람 支施侖, 龜玆의 王世子 帛延 등을 들 수 있다. 前涼을 멸망시키고 涼州를 지배했던 苻堅도 불교를 존중하였다. 그는 呂光을 파견하여 龜玆를 정복했지만 그 때 승려 鳩摩羅什을 획득하였고 이것이 중국의 불교 발전에 연결되었다. 또한 北涼의 沮渠蒙遜에게 초청을 받은 中天竺의 曇無讖, 浮陀跋摩와 罽賓(카시미르)의 師賢 등 西域으로부터 도래한 승려는 헤아릴 수가 없었다. 그들은 譯經과 불법을 전해주는 것에 의해 凉州 뿐만 아니라 중국의 불교 발전에 커다란 기여를 하였다.

□ 佛圖澄

佛圖澄은 310년에 洛陽에 이르러 불법을 전파하려 했으나 洛陽은 永嘉의 亂(311년) 직전의 혼란 상태여서 포교가 불가능 하였다. 그 무렵 前趙의 동방 지역 경영을 전개하고 있던 자는 石勒이었는데 佛圖澄은 石勒에게 접근하여 그의 軍師와 정치 고문이 될 수 있었다. 佛圖澄이 石勒의 믿음과 복종함을 얻은 때의 일을 『高僧傳』에 이르기를..

> 그릇에 물을 담고 향을 피우며 주문을 외우면 순식간에 파란 연꽃이 생겼고 그 빛이 눈을 빛나게 하였다. 石勒은 이것에 의해 믿고 복종하였다.

라고 기록되어 있었다. 그 후 佛圖澄은 醫療術과 預言, 祈雨 등에 의해 石勒과 石虎 시대의 30년 이상에 걸쳐서 後趙의 사회와 정치면에 커다란 공헌을 하였다. 예를 들면 329년에 前趙의 劉曜에 의해 洛陽이 포위되었을 때 後趙의 정부 내부에서는 劉曜의 공격에 대해 지구전을 펴야 한다는 의견도 있었다. 그러나 石勒 진영에 따르고 있던 佛圖澄이 "대군을 내보내 공격하면 반드시 劉曜를 잡을 수 있습니다."라고 의견을 말한 대로 공격하러 나갔더니 그 의견대로의 결과가 되어 華北에서의 前趙와 後趙의 대립에 결말을 짓는 일이 이어졌다. 이러한 공적을 배경으로 佛圖澄은 襄國(河南省 邢台市)과 鄴을 중심으로 불교를 전파하여 절을 893곳에 세웠고 신도는 1만 명 가까이에 이르렀다. 한편 石虎는 일반 주민의 출가를 허락하여 華北의 불교는 융성하게 되었던 것이다. 佛圖澄은 後趙 말기인 348년 12월 117세에 사망했다고 전해진다.

□ 釋道安

佛圖澄 제자 중의 한명이 釋道安이다. 道安은 漢人으로 성씨는 衛였으나 출가한 후에 衛를 버리고 釋을 일컬었다. 승려는 釋迦의 제자이므로 釋을 姓으로 하면 좋다고 해서 하였고 이후에 이것이 불교 승려의 호칭으로서 답습되어지게 되었다. 道安은 鄴에 유학하여 佛圖澄의 문하에 들어가지만 佛圖澄이 사망하고 또한 石虎가 사망하여 後趙의 혼란이 시작되자 鄴을 떠나 각지를 전전한 후 東晉 지배 하의 襄陽(湖北省 襄樊市)으로 이동하였다. 그는 여기서 종래의 주술적 불교와 格義的 해석의 불교학으로부터 나아가 불교 경전 그 자체로부터 직접적으로 불교를 이해하는 것을 목표로 하였고, 또 승려의 威儀行持(의식과 기거동작)의 법을 정했으며 천하의 절은 이것을 모방했다고 『高僧傳』에 기록되어 있다.

襄陽은 379년 2월 前秦에 의해 함락되었다. 苻堅은 이미 釋道安의 명성을 듣고 있었기 때문에 襄陽을 획득하자 道安을 長安(陝西省 西安市)으로 초대하였다. 그 때 苻堅은 "朕은 10만 명의 군사를 사용해서 襄陽을 취했으나 단지 한사람 반을 얻었다."라고 말했다고 한다. 한 사람은 道安을 절반은 東晉의 역사가 習鑿齒를 가리킨다. 道安은 이미 68세가 되었지만 정치 고문으로 대우받았다. 苻堅은 관례를 깨고 道安을 황제의 輦車에 동승시키는 특권을 주었고 정책에 대한 의견을 구했다.

苻堅이 前涼을 멸망시키고 涼州를 지배하였기 때문에 불교는 前秦의 수도 長安으로 유입되었다. 長安은 鄴과 襄陽 보다도 서방에 위치하여 외국 승려의 왕래가 많았고 또 西域의 정보를 얻기 쉬운 곳이었다. 그러한 환경 속에서 道安은 불교 경전의 번역을 총괄하여 중국 불교의 발전에 공헌하였으며 385년 苻堅의 사망 직전에 입적하였다.

□ 鳩摩羅什

釋道安이 西域으로부터 얻은 정보에 鳩摩羅什의 존재가 있었다. 道安은 鳩摩羅什과 함께 불교를 연구하고 싶다고 생각하여 苻堅에게 鳩摩

羅什을 초청해줄 것을 권유하였다. 苻堅도 鳩摩羅什의 명성을 듣고 있어
서 383년에 呂光을 西域 원정으로 출진시킬 때 龜玆를 제압할 수 있다면
鳩摩羅什을 확보하도록 명령하였다. 鳩摩羅什은 龜玆로 도망쳐온 인도
의 망명 귀족과 龜玆 國王의 여동생과의 사이에서 태어난 사람으로, 罽賓
과 疏勒(新疆省 維吾爾自治區 疏勒縣)에서 불교를 배우고 龜玆에서 大
乘 불교를 널리 전파하고 있었다. 呂光은 384년에 龜玆를 제압하고 순조
롭게 鳩摩羅什도 확보하였지만, 苻堅이 淝水의 전투에서 패배하여 長安
의 혼란이 시작되고 있었기 때문에 姑臧에서 後涼이라 일컫고 자립하였
다. 鳩摩羅什도 後涼 지배 하의 涼州에 머물렀고 그 기간도 15년이나 되
었다.

401년 9월 後秦이 姑臧을 제압하자 鳩摩羅什은 姚興에게 초청받아
수도 長安으로 들어가서 國師의 예
우를 받으며 활동하게 되었다. 姚
興은 스스로도 불교 교리 연구자들
이 가지고 있는 정도의 열의를 가진
十六國의 군주 중에서도 손꼽히는
불교를 숭상하는 군주였으며, 鳩摩
羅什의 명성을 듣고 이전부터 後涼
에 대해서 鳩摩羅什을 인도할 것을
요구했지만 성사되지 않고 끝난 적
이 있었다. 여기서 姚興은 鳩摩羅
什이 長安에 이르자 즉시 불교 경
전의 번역을 요청하였고, 後秦 왕
조의 국가사업으로서 충분한 설비
와 자금 인원을 제공하여 불교 경전
의 번역을 수행하게 하였다. 그 수
효는 鳩摩羅什이 409년에 사망할

〈도표 47〉鳩摩羅什 사리탑

西安市 戶縣의 草堂寺 경내. 탑은
唐代의 창건으로 여겨진다.
(촬영: 市來弘志)

때까지의 8년간 약 300여권에 달했다. 또 신도는 3,000명에 달했고 중국 불교 발전에 커다란 역할을 달성하였다.

▫ 현세 이익적 양상

이상에서 본 것처럼 五胡十六國 시대에는 後趙의 石勒, 石虎와 佛圖澄, 前秦의 苻堅과 釋道安, 後涼의 呂光, 後秦의 姚興과 鳩摩羅什 등 十六國의 군주와 불교 승려와의 사이에 상당히 친밀한 관계가 여러 차례 보인다. 이러한 관계는 이 외에도 北涼의 沮渠蒙遜과 中天竺의 曇無讖 등에도 볼 수 있었다. 五胡十六國 시대에 있어서 불교가 중국에 깊이 침투하고 있던 요인으로는 이러한 특수한 관계가 크게 기여하고 있다고 할 수 있다. 단지 그 관계는 반드시 불교의 군본 취지에 기초하고 있다고는 할 수 없었다. 佛圖澄이 石勒에게 받아들여진 것은 그의 주술과 예언의 능력에 의해서이고, 또 苻堅이 道安을 존중한 것은 道安에 대한 사람들의 신앙심을 이용하여 민심의 획득을 도모한 측면이 크다고 생각된다. 불교에 그다지 관심을 가지지 않은 呂光이 鳩摩羅什을 비호 하에 계속 둔 것도 그의 예지 능력을 기대하였기 때문이다. 沮渠蒙遜은 曇無讖의 주술에 특별히 의지하였다고는 생각하지 않지만 北魏의 太武帝는 그의 주술 능력을 이용하기 위해서 北涼에게 그를 양도할 것을 요구하였다. 沮渠蒙遜은 그것을 거부하고 결국 曇無讖을 살해해버렸고, 五胡十六國 시대 가장 말기에 이르러서도 불교와 권력의 관계에 있어서 주술의 요소가 깊게 영향을 끼치고 있었다.

그러나 현세 이익이 목적이라도 五胡十六國 시대에 불교가 중국 사회에 침투했던 것은 또한 사실이다. 권력자와의 특수한 관계를 맺어가면서 鳩摩羅什도 曇無讖도 많은 경전을 번역하여 중국에 불교의 기초를 확고히 하였다. 그리고 前秦으로부터는 동방의 高句麗에 불교가 전해져서 불교의 전파 확대에 관련된 것이 주목된다.

□ 敦煌

甘肅省 敦煌市의 莫高窟에는 크고 작은 493개의 석굴이 현존한다. 이들 석굴은 일시적으로 만들어진 것이 아니라 약 1,000년간의 개착의 결과이다. 석굴의 중앙 혹은 속에 전부 2,000개 남짓의 채색된 塑像(진흙으로 만든 불상)이 만들어져 있고 벽면에는 벽화가 그려져 있었다. 불교 미술의 보고이다. 그 창건은 唐代의 「李氏莫高窟佛龕碑」에 의하면 前秦의 建元2년(366년)에 승려 樂僔이 佛龕을 만든 것에서 시작되었다. 이 기록이 확실하다고 하면 莫高窟은 前涼 시대에 시작된 것으로 된다. 현존의 석굴 중 최고의 것은 北涼 후기에 만들어진 것으로 생각되지만 어차피 莫高窟 창건은 五胡十六國 시대 涼州에 있어서 불교 발전의 결과이다.

莫高窟 창건으로부터 조금 늦게 개착된 석굴로는 甘肅省 天水市의 麥積山 석굴이 있다. 현존하는 窟龕은 194개로 6세기가 가장 전성기이지만, 이것도 5세기 초의 개착으로 여겨지기 때문에 後秦 지배 하에 만들어진 것이 된다. 北涼 시대에 건립되었을 가능성이 있는 甘肅省 武威市의 天梯山 석굴, 西秦의 建弘元年(420년)의 명문이 남아 있는 甘肅省 永靖縣의 炳靈寺 석굴도 포함해서 중국의 석굴 사원은 五胡十六國 시대를 시작으로 바로 北魏에 계승되어져 大同의 云崗, 洛陽의 龍門 석굴에 이른다. 석굴 사원으로부터 이 시대 불교 융성의 모습을 떠올릴 수 있다.

제4절 東晋과의 관계와 국가 의식

□ 十六國의 東晋 대책

十六國과 東晋과의 사이에는 전투도 있었고 사절의 교환도 행해졌다. 국경은 끊임없이 변동하였던 것이고 인간의 이동도 항상 발생하여 일상적으로 깊은 관계가 있었던 것은 당연하다. 그러나 여기서는 조금 덜 이념적인 혹은 의식상에서의 관계를 생각해 보고 싶다.

제1장에서 거론된 異民族 統御官은 원래 漢人 왕조가 소수 민족을 관리하기 위해 설치했던 관직이었다. 그러나 소수 민족 자신이 華北을 중심으로 국가를 형성하게 되자 정도의 차이는 있겠지만 어느 쪽도 중국식의 관직을 사용하여 통치 조직을 구축하였다. 그 때 異民族 統御官도 설치되었으나 그 중에 東晋과의 관계에 있어서 흥미 깊은 점은 南蠻校尉이다. 南蠻校尉는 西晋 武帝의 시기에 남방 소수 민족에 대처하기 위해 처음으로 설치되었다. 그러나 十六國 속에서도 南蠻校尉를 설치한 국가가 있었다. 그것은 成漢, 後趙, 冉魏, 前秦, 後燕이고 그 중 後趙, 前燕, 前秦의 南蠻校尉는 東晋을 통치하는 것을 하나의 목적으로 하였던 것이다. 게다가 前秦은 오로지 東晋에 대처하기 위한 平吳校尉도 설치하였다. 즉 後趙, 前燕, 前秦은 東晋을 異民族 統御官에 의해 통치되는 주변 세력의 하나로 인식한 것이고 東晋 대책도 그 인식의 위에서 전개되었던 것이다.

이와 같은 東晋에 대한 의식은 각 국가의 정권 중추에 있던 사람들의 발언에 있어서 東晋에 대한 호칭에도 나타나고 있었다. 예를 들면 後趙의 石勒은 東晋을 遺晋으로 부르고 그의 侍中 石璞은 患(憂患)이 되는 것으로 인식하였으며, 前燕의 太宰 慕容恪, 太傅 慕容評은 그것을 遺燼之虜, 尙書左丞 申紹는 吳虜라고 하였고, 前秦의 苻堅도 遺晋으로 불렀다.

그러한 예는 이 3국에 그치지 않고 前趙와 前秦에서도 볼 수 있었다. 물론 각각의 국가는 건국 초기부터 그러한 인식을 가지고 있었던 것이 아니라 어느 단계부터라는 留保를 두지 않으면 안 되지만 東晋을 자국의 중국 지배를 저해하는 존재, 그래서 어떻든지 멸망되어야 하는 존재로 간주했던 것이다.

〈도표 48〉十六國의 異民族 統御官 일람표

국명	관직담당자	이민족통어관	겸임지방관	년
成漢	李含	西夷校尉		301
	任回	南夷校尉	寧州刺史	314
	李恭	南蠻校尉	荊州刺史	314
	李壽	西夷校尉		330
	李保	西夷校尉	文汕太守	334
	李壽	東羌校尉	梁州刺史	335
	任調	東羌校尉	梁州刺史	338
	李奕	西夷校尉		338
	李權	南夷校尉	寧州刺史	338
前趙	韋忠	平羌校尉		310년대
	劉虎	丁零中郎將		310년대
	石勒	東夷校尉		308
	石勒	東夷校尉	幷州刺史	310
	石勒	東夷校尉	幽州牧	311
	石勒	東夷校尉	幽州牧 幷州刺史	311
	石勒	東夷校尉	幽州牧 冀州牧	312-18
	楊難敵	寧羌中郎將	益寧南秦三州牧	322
	楊難敵	護南氐校尉	益寧南秦三州牧	322
	張茂	護氐羌校尉	涼州牧	323
後趙	王勝(騰)	西夷中郎將		325
	董劭	南蠻校尉		330
	蒲弘	護氐校尉		333
	姚襄	護烏桓校尉	豫州刺史	350
冉魏	桑坦	南蠻校尉		350
前燕	陽耽	東夷校尉		320년대
	封抽	東夷校尉		331-38
	慕容垂	東夷校尉	平州刺史	357
	悅綰	護匈奴中郎將	幷州刺史	358

前燕	慕容垂	護南蠻校尉	荊州刺史 兗州牧	360
	皇甫眞	護匈奴中郎將	幷州刺史	362
	袁眞	護南蠻校尉	揚州牧	369
後燕	慕容德	南蠻校尉	冀州牧	396
前秦	人名不詳	西戎校尉		366
	姚萇	西蠻校尉	寧州刺史	373
	鄧羌	護羌校尉		374
	梁熙	護西羌校尉	涼州刺史	376
	梁成	護南蠻校尉	荊州刺史	379
	王顯	平吳校尉	揚州刺史	380
	苻洛	護西夷校尉	益州牧	380
	石越	護鮮卑中郎將	幷州刺史	380
	韓胤	護赤沙中郎將		380
	王騰	護匈奴中郎將	幷州刺史	380
	裴元略	西夷校尉	巴西梓潼二郡太守	382
	梁苟奴	護羌中郎將		386
	苻碩原	減羌校尉		389
後秦	姚碩德	護東羌校尉	秦州刺史(牧)	386-94
西秦	禿髮傉檀	護匈奴中郎將	涼州刺史	406
	乞伏熾磐	西夷校尉	河州刺史	407
	乞伏是辰	西胡校尉		422
	乞伏信帝	平羌校尉		425
前涼	張茂	護羌校尉	涼州牧	320
	張駿	護羌校尉	涼州牧	324
	張瓘	寧戎校尉	河州刺史	345
	楊宣	西胡校尉	沙州刺史	345
	張重華	護羌校尉	涼州牧	346
	張璩	寧戎校尉		347
	張曜靈	護羌校尉	涼州牧(刺史)	353
	張祚	護羌校尉	涼州牧	353
	張玄靚	護羌校尉	涼州牧	353
	張天錫	護羌校尉	涼州牧	355
	索泮	典戎校尉	西郡武威太守	360년대
後涼	呂光	護羌校尉	涼州刺史	385
	呂光	護匈奴中郎將	涼州牧	386
北涼	李暠	護西胡校尉	敦煌太守	398
	李暠	護西夷校尉		399
	沮渠拏	護羌校尉	秦州刺史	411
	沮渠益子	護羌校尉	秦州刺史	411

	李暠	西胡校尉	沙州牧	400
西涼	李暠	護羌校尉	秦涼二州牧	400
	李歆	護羌校尉		407
	李讓	西夷校尉	敦煌太守	407
	張和	護羌校尉		408
	李歆	護羌校尉	涼州牧	417

▫ 君主의 칭호

東晉을 이와 같이 간주하려고 하면 거기에는 自國을 어떠한 국가로 인식하고 있었던가? 라는 문제가 떠오르게 된다. 여기서 주목받는 것이 군주의 칭호이다. 말할 것도 없이 秦의 始皇帝(황제 재위는 기원전 221~210년) 이래 중국 왕조의 군주는 皇帝라고 일컫고 있었다. 그러나 十六國 군주의 칭호는 상당히 다양하다. 그것은 <도표 49>와 같다. 이제 그것을 보면 十六國의 군주로서의 칭호에는 皇帝, 王, 公, 大單于가 있는 것을 알 수 있다. 그 외에 牧 혹은 刺史라는 官號로 사실상 건국하고 있는 경우도 있지만 이것은 晉의 관직을 편의상 사용한 것이라고 이해할 수 있다. 언뜻 봐서 알 수 있는 것은 十六國 전부가 황제를 일컫은 것이 아니라는 것이다. 황제를 일컫은 나라는 成漢, 前趙, 冉魏, 前燕, 前涼, 前秦, 西燕, 後燕, 南燕, 後秦, 夏, 北魏의 13개 국가이고 또한 대부분은 처음에는 王 혹은 天王을 일컫은 다음 잠시 후에 황제에 즉위하는 것이었다. 또 後趙, 前涼은 그 존속 기간에 비해서 황제를 일컫었던 기간이 상당히 짧았다.

그러나 흥미 깊은 것은 天王이라는 칭호가 많이 사용되고 있는 것이다. 天王은 周 왕조의 王을 나타내는 말로서 『春秋』와 『荀子』 등에 보이고 또 『史記』와 『三國志』에서는 황제의 의미로 사용되었다. 그러나 이 五胡十六國 시대에 있어서 사용된 예로는 그것들과 조금 다르다. 天王은 황제에 준하는 지위와 칭호로서 사용되어졌던 것이다. 예를 들면 後趙의 石虎는 여러 신하가 황제의 호칭을 일컫도록 권했던 것에 대해서

왕실의 많은 어려움 등을 이유로 해서 天王을 일컬었다. 前秦의 苻堅도 天王을 일컬었으나 이것은 사촌 형제인 苻生을 쿠데타로 쓰러뜨리고 형 苻法이 즉위할 무렵 苻法이 庶出을 이유로 하여 사퇴한 것에 따른 즉위 였으며, 그 후 華北을 통일하여 五胡十六國 시대 최대의 세력을 자랑했 음에도 불구하고 天王에 머물렀다. 또 後秦의 姚興은 天災地變을 이유 로 황제에서 天王으로 호칭을 낮췄다. 이처럼 본래대로라면 황제를 일컬 을 법하지만 군주에게 무언가의 주저함이 있을 경우에는 天王으로 일컬 었다. 그러나 그 경우에도 부인을 皇后로 世子를 皇太子로 하거나 부친 과 조부에게 황제의 諡號를 내리는 등 황제와 동일한 부분도 많았다. 즉 天王은 황제보다 한 단계 아래의 칭호이지만, 위에 황제의 존재를 전제로 한 王과는 완전히 다른 지고무상의 지위인 점에서는 황제의 범주에 포함 되는 것이다.

　이와 같이 해석하면 翟魏와 後涼, 北燕도 황제를 일컬은 나라와 같 은 대우로 취급할 필요가 있을 것이다. 한편 前涼은 354년부터 355년에 걸친 약1년 반 기간 황제를 일컬었지만 동생으로부터 찬탈한 약간 특이 한 상황에서 황제를 일컬은 것으로 前涼 전체적으로 하면 예외적 시기 라고 할 수 있다. 황제를 일컬은 나라는 거의 王으로부터 天王으로 또 황제로 칭호를 상승시켜 갔다. 또한 경우에 따라서는 황제로부터 天王으 로 격이 강등하는 경우도 있었다. 이상과 같이 생각하면 군주의 칭호 관 점으로부터 十六國은 크게 2가지로 분류할 수 있다. 즉 成漢, 前趙, 後 趙, 冉魏, 前燕, 前秦, 西燕, 後燕, 南燕, 北燕, 翟魏, 後秦, 夏, 後涼, 北魏의 여러 나라와 前仇池, 前涼, 代, 西秦, 南涼, 北涼, 西涼, 後仇 池의 여러 나라이며 임시로 전자를 A그룹 후자를 B그룹으로 부르기로 한다.

〈도표 49〉十六國의 군주 칭호

국 명	칭 호
成 漢	益州牧302-成都王304-皇帝306-347
前 趙	漢王304-皇帝308-漢天王318-皇帝318- 趙皇帝319-329
後 趙	趙王319-趙天王330-皇帝330-趙天王334- 大趙天王337-皇帝349-趙王351-351
冉 魏	皇帝350-352
前 燕	燕王337-皇帝352-370
前仇池	右賢王296-左賢王317-左賢王, 下辯公334- 仇池公337-371
前 涼	涼州刺史301-假涼王345-西平公, 假涼王346- 西平公353-涼公353-皇帝354-西平公355-376
代	代公310-代王315-376
前 秦	天王, 大單于351-皇帝352-大秦天王357- 皇帝385-394
西 燕	皇帝384-燕王386-皇帝386-大單于, 河東王386- 皇帝386-394
後 燕	燕王384-皇帝386-庶民天王400-407
南 燕	燕王398-皇帝400-410
北 燕	天王407-436
翟 魏	大魏天王388-392
後 秦	大單于, 萬年秦王384-皇帝386-天王398- 皇帝416-417
西 秦	大單于385-大單于, 河南王388-秦王409-河南王412 秦王414-431
夏	大夏天王, 大單于407-皇帝418-431
後 涼	酒泉公386-三河王389-天王396-403
南 涼	大單于, 西平王397-武威王398-河西王401- 涼王402-(멸망404)-涼王408-414
北 涼	建康397-涼王399-張掖公401-河西王412-439
西 涼	涼公400-涼州刺史420-421
後仇池	仇池公385-隴西王390-仇池公394-武都王425- 大秦王436-武都王440-442
北 魏	代王386-魏王386-皇帝398-534

□ **국가의식**

A그룹 중 成漢, 冉魏, 翟魏, 夏를 뺀 11개 국가에는 또한 공통성이 보인다. 즉 그들 11개 국가는 木, 火, 土, 金, 水의 五德의 운행에 의해 중국을 지배한다고 하는 의식을 갖고 있었던 것이다. 五德의 순환과 변천에 의해 왕조가 흥하고 망한다는 사고방식은 漢代에 확립되었고 漢은 前漢과 後漢을 통해서 火德의 왕조를 표방하였다. 그리고 後漢으로부터 禪讓을 받은 曹魏는 土德 또한 曹魏를 계승한 晉은 金德의 왕조라고 했던 것은 4세기 당시 공통된 인식이었다.

그러한 인식 위에 건립된 前趙는 319년에 劉曜가 국호를 漢으로부터 趙로 변경했을 때에 水德으로서 晉의 金德을 계승하였다고 일컬었다. 後趙는 330년에 石勒이 趙大王을 일컬은 때에 역시 水德 왕조로 할 것을 결정하였다. 前燕은 352년에 慕容儁이 황제에 즉위하였던 시기에 晉을 계승하여 水德으로 했다가, 366년에 後趙의 水德을 계승한 木德으로 변경하였다. 또한 後秦의 姚萇이 386년에 황제에 즉위하였던 시기에 前秦을 계승하여 火德 왕조로 정하기로 했기 때문에 後秦이 火德 왕조인 것과 함께 前秦이 木德 왕조인 것도 인식되어졌던 것이다. 또 北魏는 398년 道武帝의 황제 즉위 무렵에 土德 왕조로 하였다. 그 후 491년에는 水德으로 변경하였다.

또한 西燕, 後燕, 南燕, 北燕에서는 五德의 결정은 없었는데 그것은 각 나라가 前燕을 계승하고 있다고 인식하고 있었기 때문이었다. 즉 前秦의 결정 시기는 불분명하지만 前趙, 後趙, 前燕, 後秦, 北魏 등 각 나라는 새로운 국호를 일컬을 때, 혹은 황제 제도와 天王 제도를 시행할 무렵에 五德의 결정을 실행하였다. 이들 왕조는 五德의 추이에 의해 정권의 계승을 표방하는 것으로 自國을 五德의 순환에 의한 중국의 정통 왕조로 위치시켰고, 東晉은 본래 자신에게 귀속되어야만 하는 토지에 할거하는 支流(主流에서 갈라진 流派) 세력이라고 규정한 것이다.

이들 국가에 공통된 것은 각각 일시적이라고는 해도 華北의 주요 지역 즉 中原을 지배하였던 것이다. 前燕에서는 五德을 정할 때 晉을 계승할지 趙를 계승할지가 문제가 되었으나 당시 大將軍 韓恒의 발언이『晉書』「慕容儁載記附韓恒傳」에 다음과 같이 기록되어 있다.

趙가 中原을 가졌던 것은 인간의 힘이 아니라 하늘의 뜻이다.

韓恒은 이같이 말하고 前燕은 趙를 계승한 것이라고 주장하였고 그것이 받아들여진 것이다. 이것으로부터 中原을 지배하는지 여부에서 국가 의식과 東晉에 대한 평가에 큰 차이가 있다는 것을 엿볼 수 있었다. 夏는 五德의 결정 기록은 없지만 수도 統萬城 사방의 문을 朝宋門, 招魏門, 服涼門, 平朔門으로 이름을 정하고 스스로를 중심으로 하는 天下觀을 가지고 있었다. 前趙, 後趙 등에 준하는 국가 의식을 갖고 있었다고 할 수 있을 것이다. 그러나 황제를 일컬으면서도 中原을 지배할 수 없었던 成漢은 東晉을 부정하는 의식을 갖는 데는 이르지 못하고 東晉과 천하를 나누려는 의도를 가진 것에 머물렀다. 冉魏, 翟魏는 지배 영역이 작았고 또 존속 시기도 짧아서 명확한 국가상을 묘사할 수가 없었다.

한편 B그룹의 경우는 천하를 지배하는 단계에는 도달하지 못하고 종속국으로서의 지위에 머물렀다고 할 수 있다. 前涼의 禿髮利鹿孤가 401년에 황제를 일컬으려 할 때 安國將軍 鑰勿崘의 논리는 황제가 되는 것은 도성의 건설과 관련되고 그것은 南涼의 사회로서는 유리한 방법이 아니라는 것이다. 前仇池, 後仇池, 代는 아직 前秦 등에 종속하는 상태였고 西秦, 北涼은 모두 지역 정권으로부터 벗어나려고 하지 않았다. 또 前涼, 西涼의 경우는 漢人 정권으로서 兩晉의 존재를 승인하지 않을 수 없는 입장이었기 때문에, 晉의 황제를 존중하는 것에 의해 西平公 혹은 涼公으로서의 권위를 확립하려고 한 것이다. 이것은 涼州에 있어서 漢族 계층의 두터움을 배려한 때문이기도 하였다.

즉 東晉에 대한 의식 나아가서는 자국의 위치 매김을 결정하기에는

漢人 정권이 있는지 없는지도 중요한 요소의 하나로서 존재하였던 것이다. 그러나 그 문제는 사실은 五胡 국가에도 존재하였다. 각 국가의 지배 영역에는 많은 漢族이 거주하였고 정권 중추에도 漢人이 들어가 있었기 때문이었다. 그것을 전형적으로 나타낸 것이 前秦의 宰相 王猛이다. 前秦의 天王 苻堅은 東晉은 "아직 군주의 교화에 따르고 있지 않다."라고 간주하지만, 王猛은 임종 직전에 유언에서 "晉은 正朔을 계승한 정통 왕조입니다."(『晉書』「苻堅載記下附王猛傳」)라고 인식하였다. 이 王猛의 의식은 成漢 등 다른 五胡 여러 나라의 漢人 관료에게서도 모두 볼 수 있는 경향이었고, 이것이 五胡 여러 나라의 東晉 외교를 변동시키는 요인이 되었다. 前秦에 있어서도 王猛이 정권의 중추에 위치해 있던 시기에는 東晉에 대해 선린 외교를 전개하였지만, 376년 王猛의 죽음 이후에는 東晉을 하나의 약소 세력으로 인식하는 생각이 대세를 차지하였고 淝水의 전투에 돌진하게 되었다.

東晉과의 거리를 어떻게 취급할 것인가는 十六國 각 나라에 있어 상당히 어려운 판단이었다. 그것은 결국 자신의 국가를 어떻게 인식하는가에 관련되게 되었다. 十六國은 사실상 일괄적으로 취급할 수 없는 다양한 단계에 있는 국가들이다. 정통 왕조로 자각하는 국가도 종속국에 머무른 국가도 동시에 존재했던 것이다. 그러나 정통 왕조 의식을 가지게 된 국가도 北魏 이외는 그것을 실체가 있는 것으로서 永續시키기까지에는 이르지 못했다. 그들은 거기까지 자국을 強大化 시키지 못했고 그 과제는 北魏에 의해 짊어지게 되었다.

제5장

이동과 융합

주변 소수 민족의 중국 내지로의 이동이 五胡十六國 시대를 출현시켰지만, 五胡 여러 나라의 건국으로서 사람들의 이동이 종료된 것은 아니다. 거점의 이동과 국가의 흥망이 동반되어 사람들은 流民으로서 이동하였고 또 각국이 徙民이라는 강제 이주를 반복한 것이 이 시대이다. 오히려 사람의 이동이 시대를 특징짓고 있다고 해도 과언이 아니다. 漢族과 五胡를 불문하고 사람들은 여러 가지 형태로 생활의 장소를 이동해 갔던 것이다.

당시 인간의 이동을 정확하게 추적하는 것은 상당히 곤란하다. 특히 국가 멸망 시기의 혼란 속에서의 이동에 대해서는 사료의 잔존하는 부분에 상세함과 조잡함의 차이가 나타나는 것은 필연이다. 그러나 『晉書』와 『資治通鑑』 등의 사서에 사람들의 이동 기록이 수없이 남겨져 있는 것도 사실이다. 현존하는 사료에 의하여 가능한 한 그 이동의 흔적을 복원해 보도록 하자.

제1절 遷 都

□ **遷都의 실태**

　十六國의 대부분은 華北 각지에서 건국한 후 그 거점을 여러 차례 옮겼다. 遷都이다. 중국 역대 漢人 왕조의 경우에도 물론 遷都를 실행하였다. 예를 들면 前漢 시대에는 수도를 長安에 두고 있었지만 後漢 시대에는 洛陽으로 이전되었다. 그리고 後漢 말기에 群雄의 한사람인 董卓에 의하여 獻帝가 董卓의 근거지인 長安으로 연행되면서 그곳이 수도가 되었고 董卓 사후에 다시 洛陽으로 돌아간 것은 유명하다. 또한 10세기의 趙宋은 開封(河南省 開封市)에 수도를 두었지만 金의 진출에 의해 12세기에는 臨安(浙江省 杭州市)으로 천도하였다. 3~5세기를 보아도 洛陽에 수도를 두고 있던 晉이 永嘉의 亂으로 洛陽을 빼앗기고 愍帝가 長安에서 즉위했기 때문에 수도는 長安이 되었고, 또한 元帝가 강남의 建康(江蘇省 南京市)을 수도로 하여 東晉이 되었다. 그러나 3~5세기 華北에 있어서는 국가의 흥망과 국제 관계의 변동이 상당히 격심했기 때문에 천도도 또한 어지러웠다.

　예를 들면 前趙는 304년 10월에 離石(山西省 離石市)에서 자립한 후 308년 7월에는 蒲子(山西省 隰縣)로 309년 1월에는 平陽(山西省 臨汾市)으로 천도하였다. 또한 劉曜가 靳準의 亂을 평정한 후 319년에는 長安으로 옮겼다. 그 후 後秦에게 공격을 당해서 329년 1월에 上邽(甘肅省 天水市)로 도망갔지만 9월에 멸망하였다. 前趙는 4년 반 동안에 2번의 천도를 거쳐 平陽에 정착하였고 10년 후에 長安으로 옮겼으며 또 10년 후에 上邽로까지 천도하였다. 즉 25년간 4번의 천도를 행했던 것이다.

　前燕은 건국 이전 285년에 遼東에서 자립하고 289년에 遼西의 靑山(遼寧省 錦州市)으로 294년에는 棘城(遼寧省 義縣)으로 거점을 옮겼다.

건국 시기의 수도는 棘城이지만 342년에 龍城(遼寧省 朝陽市)으로 350년에는 薊城(北京市)으로 천도하였다. 또한 357년에는 鄴(河北省 臨漳縣)으로 천도하고 370년 멸망할 때까지 거기에 머물렀다. 前燕은 건국 이전의 慕容廆 시대에 遼東으로부터 遼西로 이동하였고, 그리고 前燕 건국 후에 棘城으로부터 薊城으로 그리고 鄴으로 이동한 것처럼 동북으로부터 中原으로 이동하였고 동북의 지역 정권으로부터 中原의 지배자로 전개되어 갔다. 정말로 국가의 성격 변화와 遷都가 連動되고 있었던 것이다.

十六國 중에서 가장 격심한 遷都를 전개했던 것은 西秦이었다. 西秦은 385년 9월에 勇士城(甘肅省 楡中縣)을 수도로 건국했으나 388년 9월에 金城(甘肅省 蘭州市)으로 천도하였고, 또 395년 6월에는 後涼의 압력을 피하기 위해 苑川西城(甘肅省 蘭州市)으로 옮겼다. 또 400년 1월에는 苑川(甘肅省 楡中縣)으로 천도했지만 11월에 일단 멸망하였다. 그후 409년 7월에 度堅山(甘肅省 靖遠縣)을 수도로 하여 부활된 후 410년 8월에는 또다시 苑川으로 천도하였다. 412년 2월에는 譚郊(甘肅省 臨夏市)로 또 8월에는 枹罕(甘肅省 臨夏市)으로 천도하였다. 이 이후 잠시 동안은 枹罕을 수도로 하고 있었으나 夏의 공격을 받은 426년 11월에는 枹罕 남방의 定連(甘肅省 臨夏市)으로 이동하였고 夏의 공격이 끝난 다음 해인 427년 6월에 枹罕으로 돌아왔다. 그러나 429년부터 北涼의 공격 이전 5월에는 또다시 定連으로 이동하였고, 또 430년 10월에는 吐谷渾에 의해 이전 지역의 대부분이 점령되었기 때문에 南安(甘肅省 隴西縣)으로 이동하였으며 431년 1월에 멸망하였다. 즉 46년간 10 곳을 전전하였던 것이다.

이 외에 여러 나라의 遷都 상황은 <도표 50>에 나타난 대로이다. 다시 말해서 前趙, 後趙, 前燕, 前秦, 西燕, 後燕, 南燕, 翟魏, 後秦, 西秦, 夏, 南涼, 北涼, 西涼, 後仇池, 北魏 등의 각 나라는 모두 단기간에 遷都를 반복하였던 것이다.

〈도표 50〉十六國의 천도 일람표

국명	수　　　도
成　漢	302成都→347멸망(이동 없음)
前　趙	304離石→308蒲子→309平陽→319長安→329上邽→ 329멸망
後　趙	319襄國→335鄴→350襄國→351멸망
冉　魏	350鄴→352멸망(이동 없음)
前　燕	337棘城→342龍城→350薊城→357鄴→370멸망
前仇池	296仇池→371멸망(이동 없음)
前　涼	301姑臧→376멸망(이동 없음)
代	310盛樂→376멸망(이동 없음)
前　秦	351長安→385晉陽→386南安→389胡空堡→394湟中→394멸망
西　燕	384華陰→384長安→386長子→394멸망
後　燕	384滎陽→384中山→397龍城→407멸망
南　燕	398滑台→399廣固→410멸망
北　燕	407龍城→436멸망(이동 없음)
翟　魏	388黎陽→388滑台→392멸망
後　秦	384馬牧→386長安→417멸망
西　秦	385勇士城→388金城→395苑川西城→400苑川→400멸망(일시)→409 度堅山→410苑川→412譚郊→412枹罕→426定連→427枹罕→429定連 →430南安→431멸망
夏	407건국→413統萬城→427上邽→428平涼→430上邽→431멸망
後　涼	386姑臧→403멸망(이동 없음)
南　涼	397廉川→399樂都→399西平→402樂都→404멸망(일시)→408　姑臧→ 410樂都→414멸망
北　涼	397建康→398張掖→412姑臧→439멸망
西　涼	400敦煌→405酒泉→420敦煌→421멸망
後仇池	385歷城→394仇池→422멸망
北　魏	386牛川→398平城→494洛陽→534東西分裂

▫ 遷都의 목적

이상과 같이 遷都의 상황을 정리하면 똑같이 遷都라고 일컬으면서도 몇 개의 경향이 있는 것을 알 수 있다. 하나는 외적의 압력을 피하기 위해 혹은 영토 축소의 결과로 인한 遷都이다. 後燕이 中山으로부터 龍城으로 옮긴 것은 北魏의 압력을 받았기 때문이고, 前趙가 平陽으로부터 長安으로 이동했던 것은 後趙에 의해 平陽을 빼앗긴 결과이다. 또 前秦이 苻堅

사망 이후에 晉陽 → 南安 → 胡空堡 → 湟中으로 이동했던 것은 영토가 축소되는 중에서 여명을 보존하기 위한 遷都이며, 夏가 統萬城으로부터 上邽와 平涼(甘肅省 華亭縣)으로 이동했던 것은 統萬城이 北魏에 의해 함락되었기 때문이다. 이와 같은 형태의 遷都는 중국 역사상 여러 차례 볼 수 있었던 현상이지만 여러 세력의 공방이 격심하였고 많은 국가가 興亡 하였기 때문에 遷都도 빈번해졌던 것이다.

〈도표 51〉 현재의 西安市 거리

남문으로부터 鐘樓를 바라봄. 十六國 중
4개국이 수도를 두었다.(촬영: 市來弘志)

또 이 시대에 특징적인 것은 적극적으로 遷都를 전개하면서 그 성격 을 변화시키는 국가가 존재했던 것이다. 전형적인 것이 前燕의 경우이며, 棘城 → 龍城 → 薊城 → 鄴이라는 이동은 지역 정권에서 中原 정권으로의 변천이었다. 또 南涼과 北涼이 姑臧으로의 遷都를 행했던 것도, 涼州에 있어서 중심지에 기반을 두는 것으로 小國 분립 상태의 해당 지역에서의 주도권을 확보하려는 목표가 있었다.

▫ 遷都에 동반되는 인간의 이동

이와 같은 여러 가지 이유에 의해 遷都가 행해진 결과 十六國 전체에서 45회의 遷都를 헤아릴 수 있게 되었다. 수도의 이동은 당연히 皇帝(天王, 王 등)와 그 일족만의 이동에 머무르지 않는다. 많은 사람들이 이동을 함께 하고 그 때문에 인구 이동이 일어나는 것이다. 예를 들면 397년에 後燕이 北魏의 공격을 피하여 中山으로부터 龍城으로 遷都했을 때에는 慕容寶는 1만여 기병을 거느리고 中山을 탈출하였다. 406년에 西涼이 敦煌으로부터 酒泉으로 遷都했을 때에는 敦煌의 漢族 2만 3,000명을 酒泉 근교에 나누어 안치하였고, 또 412년 8월에 西秦이 枹罕으로 옮겼을 때에는 乞伏熾磐이 문무 관리 및 백성 2만여 戶를 거느리고 있었다는 내용으로부터 10만 명 이상의 대규모 이동이 있었다. 또 夏가 428년에 上邽로부터 平涼으로 이동했을 때에도 백성 수만 명이, 430년 11월에 上邽로 옮겼을 때에는 백성 5만 명을 내좇았다라고 기록되어 있다. 이와 같이 예로부터 遷都에는 수만 명 규모의 인간의 이동이 동반되었다고 추측할 수 있다.

그리고 복수의 국가가 앞뒤로 하여 수도로 한 도시도 있었다. 關中과 關東이 여러 세력의 쟁탈 대상이었기 때문에 長安과 鄴에는 여러 국가가 수도를 두었다. 長安에는 319년에 前趙가 수도를 둔 후 351년에 前秦, 384년에 西燕, 386년에 後秦이 각각 수도를 두었다. 鄴은 먼저 335년에 後趙의 수도가 된 이후 350년에는 冉魏 357년에는 前燕의 수도가 되었다. 또 涼州의 중심지 姑臧은 301년에 前涼, 386년에 後涼, 408년에 南涼, 412년에 北涼의 수도가 되었다. 물론 그 사이에 수도라고는 할 수 없을 지라도 영유하여 근거지의 하나로 한 세력도 다수였고 그때마다 수만 명의 인간 이동이 전개되었던 것이다.

제2절 流 民

▫ 流民의 발생

일반 민중 등이 전란과 기근 등의 부득이한 상황 속에서 종래의 생활 터전을 떠나서 이동하는 것이 流民이다. 그러나 遷都와는 다르게 국가 권력이 주체적으로 관여하지 않기 때문에 기록으로 남겨진 것에는 상당히 불규칙함이 생기고 또 그 수치는 애매하다. 따라서 전체 流民의 실태를 파악하는 것은 곤란하지만 대강의 경향은 확인이 가능할 것이다.

296년 匈奴의 郝度元이 馮翊(陝西省 大荔縣), 北地(陝西省 耀縣)에서 西晉에 대한 반란을 일으키자 西晉 정부는 진압하지 못했고, 秦州(甘肅省 동부)와 雍州(陝西省)의 氐族과 羌族 7만 명도 氐族의 齊萬年을 중심으로 궐기하였다. 齊萬年은 帝를 일컫고 梁山(陝西省 乾縣)에 주둔하여 299년에 평정될 때까지 西晉의 군사와 전투하였다. 게다가 이 기간에 關中은 매년 기근이 덮쳐서 西晉 정부는 거기에 대처하는 것도 불가능하였다. 그 때문에 關中의 민중은 전란과 천재지변에 직면하였고 결국 식료품을 구하러 유랑을 시작하게 되었다.

나중에 成漢을 건국하게 된 李特의 집단은 이 때 關中으로부터 漢中으로 다시 四川으로 이동한 流民 집단이었다. 李特 집단을 진압할 때 西晉은 荊州의 武勇을 징발했지만 오히려 그 반란을 유발하였고 그들은 304년에 西晉의 장군 張昌에게 토벌당할 때까지 河南, 湖北, 湖南, 江蘇의 각지를 황폐화시켰다. 또 關中 流民의 일부는 漢水를 따라 河南으로 나가 활동하였고 그들 집단의 일부는 劉淵과 石勒에 항복하였으며 다시 일부는 西晉의 王敦에 투항하였다.

李特이 四川으로 들어갈 때 四川으로부터 長江을 내려가 湖北, 湖南으로 빠져나간 流民이 있었는데, 311년에는 杜弢를 옹립하여 湖南, 江西

를 전전하였으며 315년에 西晉의 王敦, 陶侃 등에 진압되었다. 河北 王彌의 집단은 山東, 河南을 약탈하여 洛陽으로 쳐들어갔지만 西晉 군사에 패배하고 劉淵에게 복속되었다. 또 幷州(山西省)에서 劉淵의 세력 확대와 기근에 고통 받는 사람들은 幷州刺史로부터 都督鄴城諸軍事가 된 司馬騰에 복종되어 乞活이라 일컫고 冀州(河南省 남부)를 중심으로 華北 각지를 전전하였다. 또 司馬騰이 사망한 이후에는 東海王 司馬越과 자립하고 있던 王浚에게 복속되어 독자적인 행동을 하였고, 5세기 초기 劉裕의 북벌 시기까지 100년 이상에 걸쳐 활동하였던 것이다.

4세기 초기 流民의 대부분은 華北으로부터 江南으로 도망갔고 그 수는 90만 명에 달했다고 하며, 그 후에도 351년 後趙 정권 붕괴시기 혹은 383년 淝水의 전투에 의한 前秦의 쇠퇴기 등에도 대량의 流民이 발생하였으며 4세기 내내 수백만 명의 사람들이 江南으로 이동하였다. 그러나 流民의 유입은 강남뿐만이 아니었다. 關中으로부터는 河西와 湟河, 黃河 본류 유역으로, 關東으로부터는 幽州와 平州로, 山東 반도로부터는 海路로 遼東 반도로 이동하였다. 또 華北 내부에서는 冀州와 幷州로부터 兗州(山東省 서부), 靑州(山東省)로의 이동도 있었다. 311년에 洛陽이 함락된 때에는 前涼에는 中州(中原)로부터의 피난민이 연일 이어졌지만 前涼으로 이주했던 사람들의 지위와 명성은 그다지 높지 않았다. 이것은 이미 江南에 東晉이 건립되어·中原의 유력자가 南遷을 선택했기 때문이라고 생각되어진다.

또 流民은 漢族 뿐만이 아니었다. 앞에서 서술한 李特 집단은 巴人이었고, 386년에 盧水胡 2만 명이 長安으로 들어간 것도 알 수 있다. 또 後趙 멸망 후 苻氏 집단이 鄴으로부터 關中으로 이동했던 것과 淝水의 전투 후 鮮卑 집단이 關中으로부터 關東으로 이동했던 것도 流民의 이동으로 이해할 수 있다.

▫ 塢(성채)

漢族의 유민들은 지역마다 유력자를 중심으로 집단을 만들어 이동하였고 적당한 장소에 이르면 塢 혹은 塢壁, 塢堡라고 부르는 성채를 만들어 스스로를 지켰다. 그 집단의 지도자는 塢主라고 불려졌으나 집단이 이동할 때에는 行主라고 불렀다.

그러한 行主 중에 가장 저명한 인물은 祖逖일 것이다. 祖逖은 范陽 遒縣(河北省 涿州市)의 유명한 士族으로 齊王 司馬冏과 長沙王 司馬乂 등 八王의 亂에서 활동했던 여러 王으로부터 초빙된 적도 있었다. 永嘉의 亂이 일어나자 祖逖은 行主로서 수백 家를 거느리고 淮, 泗 지방을 목표로 하여 남하하였다. 祖逖이 泗口(江蘇省 淮陰市)에 이르자 琅邪王(후에 東晋의 元帝)은 그를 徐州刺史로 임명하였고 또다시 丹徒의 京口鎭(江蘇省 鎭江市)으로 이동하였다. 313년 祖逖은 奮威將軍 豫州刺史로서 북벌을 감행하였다. 祖逖은 淮水 유역의 塢主 세력을 지배 하로 받아들이고 한때는 黃河 이남의 지역을 회복하여 後趙와 대치하였다. 그러나 祖逖이 사망한 후에 집단을 계승한 동생 祖約은 後趙 군사의 공격을 받아 남하하였고 河南의 토지는 後趙의 지배 하에 들어가게 되었다.

祖逖과 같은 行主로는 1,000여 家를 거느렸다고 하는 高平(山東省 單縣)의 郗鑑, 流民 수백 家를 거느렸다고 하는 東郡(河南省 濮陽市)의 魏浚, 망명자 수백 명을 규합한 魏郡(河北省 磁縣)의 邵續, 유랑하는 백성 수천 家를 규합한 長廣(山東省 卽墨市)의 蘇峻 등이 알려져 있다. 그들은 각각 淮水 유역을 중심으로 활동하고 있었으나 대부분은 330년경까지는 東晋의 영역으로 유입했던 것이다.

▫ 僑州, 僑郡, 僑縣

남하해 온 流民에 대해 東晋에서는 집단의 통합을 유지한 채로 僑州, 僑郡, 僑縣이라는 북쪽으로 돌아갈 것을 전제로 하는 임시의 행정 구획을 설치하여 받아들였고, 流民의 파악과 세금과 요역 징수를 도모하였다. 그 때문에 江南에 華北의 사회가 재생되었고, 그 결과 西晉의 귀족제도 유지되었던 것이다. 이러한 僑州, 僑郡, 僑縣은 十六國에도 설치되었다. 前燕에서는 『晉書』「慕容廆載記」에 이르기를..

> 바야흐로 洛陽, 長安의 두 수도가 함락되고 幽州, 冀州는 몰락하였다. 慕容廆는 刑政이 훌륭하고 마음을 비워서 사람들을 모았기 때문에 유랑하는 士族과 백성들은 대부분 아이들을 업고 여기로 돌아왔다. 慕容廆는 郡을 설치하여 유랑하는 사람을 통치하였다. 즉 冀州의 백성으로 冀陽郡을 만들고, 豫州의 백성으로 成周郡을 만들고, 靑州의 백성으로 營丘郡을 만들고, 幷州의 백성으로 唐國郡을 만들었다. 그리고 어진 인재를 추천하여 일반 행정을 맡겼다.

라고 되어 있는 것처럼 東晋의 僑郡에 상당하는 명칭의 郡을 실지하여 流民을 정착시켰다. 또 前涼에서도 『晉書』「地理志」에 이르기를..

> 永寧 중기에 張軌는 涼州刺史가 되어 武威에 주둔하였다. 그리고 황제에게 글을 올리기를 秦州, 雍州로부터 유랑하여 이동한 사람들을 모아서 姑臧의 서북쪽에 武興郡을 설치하고 武興, 大城, 烏支, 襄武, 晏然, 新障, 平狄, 司監 등의 縣을 설치하였다. 또 西平郡의 일부를 나누어 晉興郡을 설치하였고 晉興, 枹罕, 永固, 臨津, 臨障, 廣昌, 大夏, 遂興, 罕唐, 左南 등의 縣을 두었다.

라고 하였으며, 河西回廊과 湟河, 黃河 본류 유역에 流民을 위한 郡縣을 신설하였다. 이렇게 하여 이주한 백성들 중에서 前燕은 漢人 지식인을 적극적으로 기용하였고 또 前涼에서는 多士라고 일컫는 유명한 士族과 지식층이 형성되었던 것이다.

　또 後趙에서는 塢를 함락시키고 회유와 편안한 거주를 위해서 塢主에게 관직을 주거나 무리를 군사로서 이용하였으며 혹은 농경에 종사시켰다. 이러한 정책은 後趙의 세력 확대와 관련되었다고 할 수 있다.

　僑州, 僑郡, 僑縣의 설치든 塢 집단의 활용이든 五胡의 여러 국가는

漢族을 그 정권 내부로 끌어들여 경제 기반 구축에 활용하거나 혹은 정치 기구 확립에 이용했던 것이다.

제3절 徙 民

▫ 徙民의 목적

十六國의 대부분은 徙民을 시행하였다. 徙民이라는 것은 국가 권력이 주민을 본적지와 현주지로부터 지배 하의 일정 장소에 강제적으로 이주시키는 것으로, 그 목적은 關尾史郞의 연구를 토대로 4가지로 분류할 수 있다.

먼저 첫째로 노동력 확보 등의 경제적 목적이다. 목축을 생업으로 하는 민족이 중국 농경 사회를 지배하기 위해서 농업 노동력으로서 漢族 등의 농경민과 수공업자를 각각 적당한 지역으로 옮기고 국가의 경제력을 높이는 것을 의도한 것이다.

둘째는 적대 세력을 멸망시킨 후 그 주요 부분을 수도 주변으로 옮겨 관리 통제하기 위한 徙民이다. 전투 승리 후 적대 세력의 병력과 그 세력 하의 주민을 국가에 의해 관리하기 쉬운 지역으로 이주시키는 것이다.

셋째의 목적으로서 국내의 반란 세력을 진압한 후의 徙民이다. 반란 세력의 중요 인물을 그 근거지로부터 떼어 놓아 재차 반란을 방지하는 것이다.

넷째로 자국의 중심 부분과 종속되어 있는 자를 정치적, 군사적 필요성으로부터 徙民하는 것이다. 국내의 통치를 강화하기 위해서 자기 민족의 신뢰 가능한 부분을 국내의 각 지역에 거주하게 하거나, 외적의 공격을 피하기 위해서 외적으로부터 떨어진 장소로 옮기는 것이다.

▫ 徙民의 방향과 규모

이렇게 徙民에는 이상과 같이 몇 개의 목적이 있지만 그들은 구체적으로 어느 정도의 규모로 어느 지역에 대해 행해졌는가를 살펴보도록 하자. 또한 사료에 나타나는 戶 혹은 家는 5명으로 구성되어 있는 것으로 하고, 落은 여러 가지 주장이 있지만 일단 20명으로 계산하였다.

十六國 중에서도 徙民의 사례가 가장 많은 나라는 後趙로서 30회 이상의 徙民을 확인할 수 있고 또 그 이동하는 곳도 가장 광범위하였다. 石勒은 이미 前趙의 장군이었던 시대부터 襄國에 거점을 두고 있어서 계속해서 襄國 주변으로의 徙民을 실행하였다. 310년대에 襄國으로 옮겨진 인구는 사료에 숫자가 나타나 있는 것만으로 30만 명 가까이 이르고, 그중에는 烏桓 15만 명이 포함되어 있었다. 또 318년에 前趙로부터 巴, 羌, 羯族 200만 명 이상을 옮겼다. 329년에 前趙를 멸망시키고부터 수년 동안에도 前趙가 지배하고 있던 關中으로부터 襄國과 冀州를 중심으로 확대하여 關東으로의 徙民을 전개하였다. 즉 329년에 前趙를 멸망시켰을 때에 漢族 9,000여 명을 襄國으로 氐族과 羌族 300만 명을 司州(수도권)와 冀州로 옮기고, 333년에는 雍州와 秦州의 氐族과 羌族 50만 명 등을 關東으로 옮기는 대량 徙民을 실행하였다. 이것은 後趙가 前趙의 중심 부분을 차지한 결과이며, 이들 중에는 나중에 前秦을 건국하는 苻氏와 後秦을 건국하는 姚氏도 포함되었다.

그 외에는 鮮卑 段部와 前燕, 東晉과의 항쟁 속에서 획득한 사람들도 徙民하였다. 그 결과 司州, 冀州, 豫州, 靑州, 兗州(山東省 서부)의 지역에는 다수의 五胡를 포함하는 합계 700만 명 가까이의 백성들이 옮겨지게 되었다. 이들 지역의 280년에 있어서의 인구는 약 530만 명이 있었으므로 後趙의 徙民 규모의 크기가 이해될 수 있을 것이다. 그 외에 동쪽은 幽州 서쪽은 雍州와 涼州에도 徙民하여서 後趙의 徙民은 華北 일대로 확대되었던 것이다.

華北 전 지역에 걸친 광범위한 徙民을 전개했던 또 하나의 정권이 前秦이며 옮기는 중심의 하나는 關中이었다. 352년에 關東의 5만여 戶를 關中으로 옮기고 358년에는 幷州에서 반란을 일으킨 張平을 진압하고 부락민 1만 5,000명을, 또 365년에는 匈奴 3만 명 이상을 長安으로 옮겼다. 前秦 徙民의 한 가지 특징은 前燕, 後仇池, 前涼 등의 정권을 멸망시킬 때마

다 그 중심 부분의 주민을 關中을 중심으로 하는 지역으로 옮긴 것이다. 먼저 370년에 前燕을 멸망시킨 때에는 慕容暐 이하의 王, 公, 百官을 포함한 鮮卑 20만 명, 또 그 다음 해에는 關東의 豪傑과 雜夷 75만 명을 關中으로, 烏桓과 雜類(잡다한 종족)를 馮翊과 北地로, 丁零의 翟斌을 新安(河南省 義馬市)으로 옮겼다. 옛 前燕의 영역에서는 그 외에 匈奴 등도 포함해서 100만 명 가까이의 사람들이 關中으로 徙民되었다. 뒤이어 371년에 前仇池를 멸망시키고 그 백성을 關中으로 옮겼으며, 376년에 前涼을 멸망시켰을 때에는 豪右(지방에서 세력을 떨치는 사람) 3만 5,000명을 關中으로 옮겼다.

關中은 앞에서 서술한 것과 같이 石勒이 前趙를 멸망시키고 그 주민을 關東으로 옮긴 이래로 인구가 감소하고 있었으나, 前秦이 정복한 각 지역으로부터 徙民한 결과 關中의 인구는 상당히 회복되었다. 苻堅은 이렇게 하여 증가한 인구를 사용하여 關中의 농지 개척을 단행하였고 그것이 前秦의 경제력 향상에 연결되었던 것이다. 苻堅 시대 徙民의 또 한 가지 특징은 380년 苻洛의 亂이 평정된 이후 關中의 氐族 75만 명을 鄴을 시작으로 하여 龍城, 平城, 薊城, 枹罕, 晉陽, 洛陽, 蒲坂이라는 關東을 중심으로 하는 중요 지점으로 이주시킨 것이다. 이것은 국내 통치를 위한 徙民의 대표적인 예이며 그 결과 氐族은 華北 각지에 정착하게 되었다.

五胡十六國 시대 후기의 河西 지방도 격심한 徙民이 행해진 지역이었다. 흥미 깊은 것은 南涼이다. 南涼은 涼州 남방의 湟水 유역으로부터 黃河 유역에 걸친 지역에 근거했으나, 거기서 농업을 전개하기 위해 인접한 後涼과 北涼, 後秦 등의 지배 지역에 침입하여 농경민을 연행하여 자신의 거점이 있는 湟水 유역의 西平(青海省 西寧市)과 樂都(青海省 樂都縣)에 거주시켰다. 그것은 400년부터 411년에 걸쳐서 기록으로 남아있는 것만으로 9번에 달했고, 백성의 수효는 後涼으로부터 약 6만 명 北涼으로부터는 8만 명 가까이 되었다. 그 숫자는 中原의 여러 나라와 비교하면 언뜻 보기에는 적게 생각되지만 280년의 涼州의 인구가 15만 명인 것

으로부터 생각하면 상당히 큰 숫자라고 할 수 있다.

　南涼은 鮮卑가 지배했던 나라이고 後涼, 北涼도 각각 羌族, 盧水胡의 국가이지만 徙民당한 사람들은 漢族이 중심이었다. 즉 南涼의 徙民은 농경에 능숙하지 못한 鮮卑가 농업 생산력을 강화하기 위해서 漢族 농민을 획득한 것이고, 그들은 농경에 종사하며 南涼의 경제 기반 구축에 공헌하였다. 關尾史郎의 지적처럼 南涼은 판도의 확대보다는 漢族 농경민의 약탈을 목적으로 하여 대외 전쟁을 행했다고 할 수 있다.

　이러한 현상은 다른 涼州의 정권에서도 볼 수 있었다. 北涼에서는 南涼으로부터 8만 명 西涼으로부터 1만 5,000명, 西涼에서는 北涼으로부터 1만 5,000명의 徙民이 행해졌다. 그 결과 각 정권이 농민을 서로 빼앗는 일도 일어났다. 南涼과 北涼 사이에서는 수만 명씩의 漢族이 오고 간 것이고, 특히 410년부터 413년 사이에는 兩國은 매년 漢族 농민의 쟁탈을 반복하고 있었던 것이다. 北涼과 西涼 사이에서는 406년에 北涼의 沮渠蒙遜이 西涼의 建康(甘肅省 酒泉市)에 침입하여 1만 5,000명을 약탈한 것에 대해서, 西涼의 李暠는 이것을 추격하여 安彌(甘肅省 酒泉市)에서 전투하여 빼앗긴 농민을 모두 데리고 돌아왔다고 한다. 그 때문에 407년에 南涼이 北涼, 後秦 등의 공격을 두려워하여 300里 이내의 사람들을 姑臧(甘肅省 武威市)으로 옮긴 일도 있었다.

　또한 隴西에 중심을 둔 西秦도 涼州에 진출했을 때 南涼으로부터 6만 명 北涼으로부터 1만 5,000명을 획득하였다. 그 결과 숫자가 남아있는 것만으로 後涼, 南涼, 北涼, 西涼, 西秦 등 각 나라 사이에서는 30만 명 이상의 徙民이 전개되었던 것이다. 이처럼 농업 노동자를 확보하기 위한 徙民은 前燕과 夏에서도 행해졌으나 涼州에서는 좁은 범위에서 몇 개의 독립 국가가 건국되었기 때문에 특히 徙民이 많았던 것이다.

　이상과 같이 각 나라의 상황에 그 외 여러 나라의 규모를 알 수 있는 徙民도 합쳐서 정리하면 대략 〈도표 52〉와 같게 된다.

〈도표 52〉十六國의 주된 徙民

국명	이동전 지역 혹은 집단	규모	동후
成漢	獠	50만 명 이상	四川 각지
前趙	池陽	1만 명 이상	長安
	長安	18만 명 이상	平陽
	氐,羌	20만 명 이상	長安
	隴右,秦州	6만 명 이상	長安
	仇池	1만 5천 명 이상	不明
後趙	東燕,東武陽,烏桓	26만 명 이상	襄國
	巴,氐,羯	200만 명 이상	司州
	鮮卑	3만 명 이상	不明
	羌	6만 명 이상	不明
	關中	365만 명 이상	關東
	索頭虜	3만 명	冀州,青州 등
	鮮卑	10만 명 이상	雍州,司州,兗州,豫州
	東晋	35만 명	幽州,冀州
	前燕	5만 명	兗州,豫州,雍州,洛州
	前涼	3만 5천 명 이상	雍州
	司州	10만 명	涼州
前燕	夫餘	6만 명 이상	不明
	高句麗	5만 5천 명 이상	棘城 등
	鮮卑(宇文部,段部 등)	120만 명 이상	棘城,昌黎 등
	後趙	15만 5천 명 이상	不明
	丁零,勅勒	10만 명 이상	不明
	東晋	5만 명 이상	幽州,冀州
前涼	鮮卑	10만 명 이상	不明
	隴西,南安	1만 명 이상	姑臧
代	高車,劉衛辰 부족	1만 명 이상	盛樂 주변
前秦	關東	25만 명 이상	關中
	幷州	1만 5천 명 이상	長安
	烏桓,鮮卑,匈奴 등	6만 명 이상	長安 등
	東晋	5만 명 이상	不明
	前燕	95만 명	關中
	陳留,東阿	5만 명	青州
	前涼	3만 5천 명	關中
	氐	75만 명	關東 등
後燕	匈奴	16만 명 이상	中山
	徐州	3만 5천 명 이상	黎陽
	北魏	3만 명 이상	不明

後燕	高句麗	2만 5천 명 이상	遼西
南燕	東晉	3천 명	不明
北燕	北部	2천 명 이상	長谷
後秦	安定	2만 5천 명 이상	長安
	秦州	15만 명	安定
	前秦	20만 5천 명 이상	長安 등
	東晉	10만 명 이상	不明
	武都	5만 명 이상	關中
	後涼	10만 명 이상	長安
	氐,羌,胡	33만 명 이상	關中
西秦	鮮卑	9만 5천 명 이상	首都 주변
	吐谷渾	7만 3천 명 이상	不明
	南涼	6만 명 이상	首都 주변
	後燕	18만 5천 명 이상	首都 주변
	羌	10만 5천 명 이상	首都 주변
	北涼	1만 5천 명 이상	不明
夏	南涼	2만 7천 명	不明
	西秦	10만 명 이상	不明
	後秦	16만 5천 명 이상	大城, 貳城 등
	統萬城,平涼	40만 명	安定,上邽
南涼	後涼	6만 명 이상	不明
	北涼	7만 7천 명 이상	西平 등
	羌	15만 명 이상	武興,番禾,武威, 昌松
北涼	西涼	1만 5천 명 이상	不明
	南涼	8만 명 이상	不明
	卑和,烏啼	4만 명 이상	姑臧
西涼	北涼	1만 5천 명 이상	建康
	敦煌,晉昌	11만 5천 명	酒泉
北魏	後燕	46만 명 이상	平城
	六州	1만 명	代郡
	越勒部	10만 명 이상	大寧
	胡	10만 명 이상	不明
	北燕	7만 1천 명 이상	不明
	夏	5만 명 이상	不明
	宋	1만 명 이상	不明
	營丘郡,成州郡,遼東郡,樂浪郡 등	15만 명	幽州
	北涼	17만 명 이상	平城 등
	雍州	3만 5천 명	長安

▫ 徙民의 전모

徙民의 대상이 된 민족과 계층 혹은 그 목적은 정권마다 혹은 각각의 徙民마다 여러 가지 있지만, 총괄적으로 말할 수 있는 것은 주위 부락의 정권 등 농업 노동력의 획득을 목표로 일반 농민을 주된 대상으로 하는 것이 많았고, 華北 중심부에 위치한 정권 등 적대 세력의 해체를 목표로 한 지배자와 지도자층을 대상으로 하는 일이 많았던 것이다.

五胡十六國 시대의 徙民은 숫자가 남아있는 것만을 합산해도 실은 1,500만 명을 큰 폭으로 넘는다. 물론 약 150년간의 숫자이고 또 동일 집단으로 생각되는 것이 예를 들면 南涼과 北涼 사이에서는 재차 徙民된 적도 있었고, 또한 규모가 불명한 徙民의 기록도 많이 있기 때문에 숫자에 엄밀한 의미는 없다. 그러나 西秦 시대 華北의 인구가 약 860만 명인 것을 고려하면 그 수효에 다시 주목하지 않으면 안 될 것이다. 徙民 인구가 특히 많았던 것은 後趙이나 앞에서 열거한 『晉書』「石季龍載記下」에는 冉閔이 五胡를 학살했을 때 "青州, 雍州, 幽州, 荊州로부터 옮겨져 온 戶와 氐, 羌, 胡, 蠻 등 수백만 명이 각각 본토로 되돌아오기 시작하였다."라고 되어 있다. 수백만 명이라는 숫자에는 과장이 있다 할지라도 後趙 시대의 中原에는 민족을 불문하고 대량의 徙民이 있었던 것을 알 수 있었다. 게다가 그 후에도 前燕, 前秦, 後燕, 北魏와 지배 민족은 교체되었기 때문에 中原 거주 민족 변동의 격심함은 상상하기 어렵지 않을 것이다.

제4절 융 합

이동의 결과 그때까지 이민족으로 간주되던 사람들이 중국 땅에서 漢族과 서로 이웃하며 거주하게 되었다. 당초 漢族은 소수 민족을 두려워하여 「徙戎策」 등도 주장하였다. 그러나 徙戎策은 실시되지 않았고 華北에 있어서 여러 민족이 혼재되어 거주하는 雜居가 일상화되었던 것이다. 그리고 각각의 고유문화가 접촉하고 서로 섞여 융합하게 되었다. 五胡와 漢族의 융합이 있었고 또 五胡 끼리의 융합도 당연히 일어나고 있었다.

□ 五胡 군주의 漢文化 수용

五胡 여러 나라의 군주는 건국 이전부터 漢文化의 커다란 영향을 받고 있었던 자가 많았다. 건국 이전에 그들은 이미 상당기간 漢族 사이에서 생활하였고, 그 사이에 漢族으로부터 여러 가지 영향을 받고 있었던 것이다. 前趙의 劉淵에 대해서 『晉書』「劉元海載記」에는 다음과 같이 기록되어 있다.

> 어릴 때부터 학문을 좋아하여 上堂郡의 崔游에게 師事하였고 毛詩, 京氏易, 馬氏尙書를 배웠으며 특히 春秋左氏傳, 孫吳의 兵書를 좋아하여 거의 암송하였고, 또 史記, 漢書, 諸子百家의 책 등은 모두 읽었다.

이 기록으로부터 劉淵이 일류 漢族的 지식인이었던 것을 엿볼 수 있으며, 이와 같은 서술은 『晉書』「載記」의 곳곳에 산재하고 있다. 특히 前趙의 劉氏 일족으로는 劉淵의 從祖父인 劉宣이 毛詩와 左氏傳을 좋아했다거나, 劉淵의 아들인 劉和는 "毛詩, 左氏春秋, 鄭氏易을 익히고", 또 그 동생인 劉聰은 "經史를 탐구하고 諸子百家에도 통달하였으며 孫吳兵法을 암송하였다. 草書, 隸書에도 능숙하고 뛰어난 문장을 짓고 懷

詩 100여 편과 賦頌 50여 편을 저술하였다."라고 되어있는 등 漢文化에 대한 조예가 깊었다.

그 외에 前燕을 건국했던 慕容皝은 "經學을 숭상하고 天文을 잘했다. 고상하여 글과 서적을 좋아하였으며 저술한 것이 40여 편 있었고", 그 아들인 慕容儁은 "서적을 널리 보았으며", 前秦의 苻堅은 "박학하고 재예가 풍부하였고", 그 동생 苻融은 "玄學을 말하고 도를 논하는 것에는 道安이라고 해도 이것을 초월하지 못했다." 또 苻堅의 아들 苻丕는 "經史를 널리 다스리고", 後秦의 건국자 姚萇의 형 姚襄은 "학문을 좋아하여 널리 통했으며", 姚萇의 아들 姚泓은 "박학하여 담론을 좋아하고 시를 읊조리는 것을 좋아하였다.", 南燕의 慕容德은 "널리 많은 서적을 보았고", 北涼의 沮渠蒙遜은 "다양한 역사 서적을 두루 섭렵하고 자못 천문에 밝았다."라고 하는 등 많은 사례를 들 수 있다.

前趙 劉氏의 경우 劉淵이 上黨(山西省 長治市)의 崔游에게 師事하였고, 劉宣이 樂安(山東省 博興縣)의 孫炎에게 師事한 것처럼 漢人 지식인과의 관계가 있었다. 또 劉淵은 그 후 인질로서 西晉의 수도 洛陽(河南省 洛陽市)에 거주하면서 漢人 지식인과의 교류를 깊게 하였다. 前秦의 苻堅과 苻融은 後趙 정권 하의 鄴에서 태어났고, 苻堅의 경우는 12～13세까지 거기서 자라서 中原의 漢文化에 직접 접촉하고 있었다. 즉 五胡 여러 나라의 지배자의 대부분은 정권 수립 이전부터 漢族 사이에 거주하며 그 문화를 수용하였던 것이다.

後趙의 石勒이 漢文化의 소양을 가지고 있었다고 하는 기록은 없다. 幷州의 기근에 의해 漢人 師懽의 노예가 되는 상황에서 학문에 접하는 기회는 없었을 것이고 문자도 읽지 못했을 것이다. 그러나 師懽과 노예 상태로부터 해방 후 도적 18騎 중의 漢人과 교류하는 등 漢族과의 교류는 일상화되어 있었고, 출전 중에서도 儒生에게 史書를 읽히게 하여 옛날의 帝王의 선악을 논했다고 한다. 五胡의 漢文化 수용은 빠르게 진행되고 있었다.

▫ 漢人 士人의 五胡 정권 참가

田村實造의 통계에 의하면 5세기 중엽의 華北에 있어서 漢族과 五胡의 인구 비율은 10대 9 이지만 수많은 민족이 존재하였기 때문에 漢族이 최대 세력인 것에는 틀림없다. 또 五胡는 농경 지대에 건국되었기 때문에 농경 사회로부터의 수탈을 기반으로 한 정치 체제를 만들 필요가 있었다. 따라서 華北에 건국된 五胡 정권은 漢人 지식인을 정권에 참여 시키는 것이 중요하였다. 또 漢族 측에서도 8王의 亂 이래의 사회 혼란을 수습하고 안정을 가져오게 하는 세력이 있다면 그것에 협력하려고 하는 경향도 있었고, 혹은 西晉의 귀족 사회에서 냉대 받던 寒門(집안의 격이 낮다고 간주되는 가족) 출신자가 五胡 정권에 희망을 맡기는 측면도 있었다.

예를 들면 後趙를 건국한 劉淵 휘하에는 자립 이전부터 "幽州, 冀州의 유명한 유학자와 유능한 사람들은 천리 길도 마다않고 모두 찾아왔다."(『晉書』「劉元海載記」) 라는 상태였으며, 劉淵은 그 漢人 지식인 중에서 范隆, 王彌, 朱紀, 王育 등을 정권에 참여시켰다. 前趙에서는 그 후에도 永嘉의 亂 이후와 劉曜가 長安에서 趙를 일컬었을 때에 많은 漢人 士人이 정권에 추가되었다.

後趙에서는 『晉書』「石勒載記上」에 이르기를..

> 冀州 郡縣의 堡壁 100여 개를 함락시켜 획득한 무리는 10여만 명에 이르렀으며, 그 중 漢族의 인물을 모아 君子營을 만들었다.

라고 되어 있는 것처럼 石勒이 또 前趙의 장군으로서 關東 제압에 종사하고 있던 때부터 漢人 지식인을 모아서 자신의 고문단이라고 말할 수 있는 君子營을 만들었고, 또 張賓을 謀主(주모자)로 勻脅, 張敬을 股肱(신임하는 신하)으로 夒安, 孔萇을 爪牙(수호하고 보좌하는 신하) 등에 임명하고 漢人 지식인을 자신의 진영으로 끌어들였다. 또한 後趙 정권 수립 후에도 각지로부터 유능한 인물을 등용하는 것에 신경을 썼다.

이렇게 漢人 지식인을 적극적으로 활용하는 방책은 前燕에서도 행해졌다. 前燕은 前趙, 後趙와는 다르게 遼東, 遼西에서 지배를 확립하여 가는 과정에서 中原의 혼란을 피해 온 漢人 士人을 정권에 참여시켰다. 그 중에는 昌黎太守 裵嶷와 東夷校尉 封釋의 아들로 幽州參軍 封抽 등 西晉의 지방관 경험자와 그 자손인 漢人 유력자가 포함되어 있었다. 그리고 前燕도 그들을 謀主, 股肱 등의 지위로 대우하였다.

▫ 王猛

이처럼 五胡 각 나라는 漢人 士人을 적극적으로 정권에 수용해 갔으나 그 典型 혹은 하나의 귀결이라고 말할 수 있는 인물이 前秦 苻堅 시대의 宰相 王猛이다. 王猛은 北海 劇縣(山東省 維坊市) 출신의 漢人으로 어렸을 때는 집이 가난하여 삼태기(대나무나 짚을 엮어서 만들고 물건을 담아 운반하는 도구)를 팔아서 생계를 이어갔으며 사소한 일에 구애받지 않았고 박학하며 특히 兵書에 밝았다. 天王 즉위 이전부터 유능한 인물을 주위에 모아두고 있던 苻堅은 王猛의 평판을 듣고 자신의 휘하로 불러들였다. 苻堅이 天王에 즉위하고 王猛은 中書侍郎이 되었다가 다시 丞相이 되어 苻堅 정권을 지탱하였다. 『晉書』「苻堅載記下附王猛傳」에는 이러한 상태가 다음과 같이 기록되어 있었다.

> 軍國과 내외의 모든 일은 중대한 것도 세세한 것도 王猛이 관여하지 않은 것이 없었다. 王猛의 정치는 공평하고 직책을 완수하지 않는 役人은 그 죄를 물었으며 민간에 은둔하고 있는 사람을 발탁하였고 재능이 있는 사람을 명백히 하였다. 군대를 정비하고 儒學을 존중하였으며 농업을 장려하고 부끄러움을 아는 마음을 가르쳤다. 죄가 없으면 형벌을 가하지 않았고 재능이 없으면 관위에 나가지 못했다. 그래서 여러 사업은 모두 번창하였고 문무백관은 따랐다. 이렇게 하여 군대가 강해지고 나라가 풍요로워졌으며 태평한 세상에 가까워진 것은 王猛의 힘이었다.

王猛이 前秦 정권의 중추에 있던 기간은 苻堅이 天王에 즉위한 357

년부터 375년 王猛의 사망까지이다. 그 기간 前秦은 內政에서는 중농주
의로 전환하였고 관료 기구와 법률 제도의 정비를 행하여 국가 체제를 확
립하였다. 外政에서는 前燕, 前仇池를 멸망시켰고 四川을 東晉으로부터
획득하였으며 華北 통일을 눈앞에 두었는데, 이들 정책의 책정과 실행은
모두 王猛의 보좌에 의해 이루어졌다. 즉 五胡十六國 시대 제일의 강대
국 前秦은 漢人 관료를 중용한 五胡 군주에 의해 출현된 것이다. 苻堅의
동생 苻融이 이르기를..

> 王景略(王猛)은 한 시기의 빼어난 선비이며 폐하는 항상 그를 諸葛孔明
> 에 비유하였습니다. (『晉書』「苻堅載記下」)

라고 말했다. 王猛은 苻堅에 의해 三國 시대의 蜀漢에 있어서 諸葛亮에
견줄만한 존재였다.

　苻堅과 王猛 같은 五胡 군주와 漢人 관료와의 관계는 이 외에도 後
趙의 石勒과 張賓, 後秦의 姚興과 尹緯 등에서도 볼 수 있다. 漢族과 五
胡가 雜居하는 華北 사회에 있어서는 쌍방의 협력과 협조 없이는 국가의
운영은 생각대로 되지 않았을 것이다.

▫ 알력과 충돌

　그러나 융합은 결코 빠르고 평탄하게 진행되어 간 것은 아니었다. 川
本芳昭가 분명하게 말한 것처럼 漢族과 五胡 사이에는 여러 가지 감정이
존재하고 있었다. 즉 1급의 漢人的 지식인이었던 前趙의 劉淵에 대해서
조차 西晉 조정에서는 "漢族과 같은 種類가 아니므로 마음은 반드시 다르
다."(『晉書』「劉元海載記」) 라고 인식하고 있었다. 또 五胡의 국가 건설이
현실적인 사실로 변하자 그것에 대해서 "고대 이래로 戎人(오랑캐)으로 帝
王이 된 자는 없었다."(『晉書』「石勒載記上」)라고 하였고, 五胡는 중국
사회에 있어서 주인공은 될 수 없다고 주장하였다.

이러한 발언의 배경에는 五胡의 현실적인 힘에 압도당하면서도 혹은 그 때문에 스스로의 역사와 전통에 매달리려고 하는 漢族의 정통성 의식이 있었다. 그것은 문화적인 우월감을 가지면서도 현실에서는 정치적, 군사적으로 열세에 빠져 있는 굴욕감의 반영인 것이다. 또 五胡 측에서도 漢族에 대한 군사적 우월감과 함께 많건 적건 漢族, 漢文化에 대한 콤플렉스 혹은 반발 등이 굴절되고 동요되면서 혼재하고 있었고, 특히 지배자의 경우 자신의 우월성으로 밀고 나가는 것을 운명적으로 여겼던 것이다. 어쩌면 劉淵과 苻堅이 漢文化에 대한 조예가 깊은 것을 선전하는 것 자체가, 五胡의 漢文化에 대한 콤플렉스가 나타나는 것이라고 할 수 있을 것이다.

이러한 굴절된 감정을 껴안고 있으면서도 현실적 요청아래서 雜居하고 있던 여러 민족 사이에서 모종의 밸런스가 무너지면 민족의 충돌이라는 사태에 이르게 되었다. 그것이 가장 첨예적으로 나타난 것이 이른바 冉閔의 五胡 학살 사건이다. 『晉書』「石季龍載記下」에는 다음과 같이 기록되어 있다.

> 冉閔은 鄴城 내부에 "뜻을 같이하는 사람은 남고 뜻을 같이하지 않는 사람은 떠나라!"라고 명령하고 성문을 지키는 자에게는 출입을 금하지 말도록 말했다. 근처에있는 趙人(漢族)은 계속해서 성안으로 들어왔지만 한편 胡羯이 나가는 문은 붐볐다. 冉閔은 胡人이 자신을 지지하지 않은 것을 알고 안팎의 趙人에게 胡人의 학살을 명하여 하루에 수만 명이 참수 당했다. 冉閔 자신도 趙人을 거느리고 胡羯을 살해하였는데 귀하고 천함도 남녀도 노소도 상관없이 모두 살해하였기 때문에, 죽은 자는 20만 명 이상이 되었고 시체는 성밖에서 들개와 승냥이와 이리에게 먹히는 지경이었다. 또 각지에서 冉閔의 명령서를 받은 사람이 胡人의 살해를 단행했기 때문에 코가 높고 수염이 많은 사람의 절반은 살해되었다.

後趙의 石虎 사망 이후의 후계자 싸움에서 石氏 일족에 의해 배제된 冉閔은 349년 쿠데타에 의한 정권 찬탈을 강행하였다. 그리고 그것에 의해 石氏와 그 배후에서 대기하고 있던 羯族과의 대립에 이르렀다. 그리고

鄴에 있던 五胡에게 무장 해제를 명했으나 그들이 鄴城으로부터 탈출을 시작하였다. 거기서 漢族(趙人)에게 五胡 학살을 명령한 결과 결국 五胡 20만 명 이상이 살해되었다. 市來弘志의 지적처럼 冉閔은 처음부터 胡羯의 학살을 계획하고 있던 것이 아니라 정권 쟁탈에 의해 상황의 변화에 따라 결과적으로 학살에 이른 것일 것이다. 따라서 冉閔 개인에게 漢族 의식이 유별나게 강했다고는 할 수 없다. 그러나 冉閔의 권력 장악에서 五胡가 鄴으로부터 떠나고 또 그 명령에 의해 漢族들이 학살로 치달렸던 것은, 4세기 중엽 華北에 있어서의 漢族과 五胡와의 알력의 크기를 알 수 있을 것이다. 이 학살 후 冉閔은 황제에 즉위하여 漢人 정권을 표방했으나 그것은 2년 반 밖에 유지되지 않았다. 五胡와 漢族 세력 중 절반 정도가 정권에 참여할 수 없었던 것이 커다란 원인이었다. 漢族과 五胡 각각의 생각과는 달리 이미 華北 사회는 多民族의 뒤섞임 위에 존립하고 있었기 때문이었다.

4세기 후반부터 5세기 전반에 있어서도 五胡와 漢族 백성들 사이의 알력이 해소되었던 것은 아니다. 前秦에 있어서 氐族 세력가의 漢族에 대한 멸시와 王猛에 대한 반발 등에서 볼 수 있는 것처럼 그것은 때에 따라 분출되어 정국을 움직이는 요인이 되었던 것이다.

南北朝에서 隋唐 帝國으로

　　北魏의 華北 통일에 의해 五胡十六國 시대는 종결되었다. 北魏 왕조에 의한 徙民은 440년대에는 여전히 계속되었지만, 한 차례의 徙民의 규모는 北燕과 北涼을 멸망시켰을 때의 10만 명 가까이에 이르던 것에 비교하면 5분의 1 정도로 감소하였다. 華北 통일의 결과 적대 세력으로부터의 徙民이 급감하였기 때문이다. 북쪽의 高車와 柔然 서쪽의 吐谷渾 및 南朝로부터의 徙民도 450년대 이후에는 거의 볼 수 없게 되었다. 또 北魏의 정권 기반 확립과 함께 국내에서의 徙民의 필요성은 잃어갔고 流民도 소멸되어 갔다. 華北 사회는 상대적으로 안정되었던 것이다.

　　그러나 北魏 자체가 非漢人 국가였다. 華北 사회의 지배자는 鮮卑 拓跋部였던 것이다. 五胡十六國 시대 후기 前秦의 淝水에서의 패전 후에 건국된 北魏는 後燕과 後秦, 後涼 등과 같이 前秦의 지배 하에서 자립하였고 그들 나라들과의 주도권 쟁탈 속에서 승리를 얻은 국가이다. 4세기 말기부터 5세기 초기에 있어서 北魏는 十六國의 한 나라로서 성장하였고 그 결과 華北을 통일하였다. 또 華北 통일 후에도 국가의 성격을 크게 변하게 한 것은 없었다. 北魏는 확실히 五胡十六國 시대가 낳은 국가였다.

　　한편 漢族은 鮮卑 拓跋部의 지배 하에서 그것을 지탱하는 역할을 수행하게 되었다. 崔宏, 崔浩라는 父子가 있었다. 清河 東武城(河北省 清

河縣)의 漢人 명문가 출신으로 『魏書』에 남겨진 부친 「崔宏(玄伯)列傳」
에는 다음과 같이 기록되어 있다.

> 崔玄伯은 魏의 司空 崔林의 6대 손이다. 조부인 悅은 石虎 밑에서 벼
> 슬하였고 관위는 司徒左長史 關內侯까지 이르렀다. 부친인 潛은 慕容暐 밑
> 에서 벼슬하여 黃門侍郎이 되었으며 모두 재주와 학식이 있는 것으로 알려
> 졌다. 玄伯은 젊었을 때부터 뛰어난 영재로 冀州의 신동이라 불려졌다. …
> 苻堅은 그를 著作左郞으로 임명하였고 … 慕容垂는 吏部郞 尙書左丞 高
> 陽內史로 임명하였으며 … (北魏)太祖는 黃門侍郞으로 임명하였다.

즉 崔氏 일족은 曹魏의 司空에 연결되는 유명한 가문으로 五胡十六
國 시대에 있어서는 後趙와 前燕에서 벼슬하였고 崔宏 자신도 처음에는
前秦에서 벼슬하였으며 또한 後燕을 거쳐 北魏 道武帝(太祖)의 관료가
되었던 것이다. 그 후 崔宏은 道武帝, 明元帝의 신임을 받아 北魏의 官
制와 儀禮 등 여러 제도를 정비하는데 활약하였고, 아들 崔浩는 太武帝
(재위 423~452년) 밑에서 北魏 정치를 주도하고 北魏의 華北 통일에 커
다란 공헌을 하여 관위는 司徒까지 이르렀다. 즉 五胡十六國 시대의 漢
族과 五胡의 관계를 北魏에 가지고 들어온 父子라고도 할 수 있을 것이
다. 五胡十六國 시대 華北에 있어서는 漢族과 五胡가 공존하는 하나의
사회를 만들어 냈으며 北魏도 그것에 의해 華北 통일을 달성했다고 할 수
있다.

그러나 융합은 北魏에 있어서도 일직선으로는 나아가지 못했다. 崔浩
는 北魏의 국사 편찬을 담당하면서 아직 漢文化의 영향을 받기 이전 拓
跋部의 상황을 감춤 없이 기록하였으며, 게다가 그것을 돌에 조각하여 수
도 平城(山西省 大同市)의 성안에 세우게 되면서 鮮卑人들의 분노를 자
초하여 450년에 살해당했다. 혹은 그것은 표면적인 이유이며 진짜 원인은
北魏에 南朝를 모델로 한 귀족 사회를 만드는 것을 서둘렀기 때문이라고
도 한다. 그러나 어느 쪽이라고 해도 崔浩의 살해에는 융합하면서도 융합
되지 않는 여러 민족의 관계가 투영된 것이다.

　5세기말 孝文帝(재위 471-499년)는 이른바 漢化 정책을 실행하였다. 洛陽 천도를 감행하고 또한 鮮卑의 복장과 조정에서의 鮮卑語의 사용금지, 漢族風의 1字 姓氏의 채용 등의 정책을 잇달아 단행하였다. 鮮卑人 황제가 주도하는 융합 촉진 정책이라고 할 수 있을 것이다. 그러나 그것에 대한 反動이 北魏 말기의 六鎭의 亂과 北魏가 東西로 분열된 후의 西魏에 있어서 虜姓이 다시 시행되는 등의 형태로 분출되었다. 반발은 때에 따라 표면화되었고 華北의 사회와 정치를 혼란하게 만들었다. 그러나 그러한 사건을 반복하면서 사실은 융합이 진전되었던 것이다.

　西魏는 北周로 대체되고 그 北周를 계승한 隋의 文帝 楊堅은 589년 南朝의 陳을 멸망시키고 西晉 이래 약 300년 만에 중국을 통일하였다. 이어서 618년 隋를 대체한 高祖 李淵이 唐을 건국하였다. 말할 것도 없이 이후 약 300년에 걸쳐서 중국을 지배하였고 아시아 전 지역에 커다란 영향을 준 大唐 세계제국이다. 楊堅과 李淵은 西魏와 北周 정권의 중추를 담당한 인물의 자손이다. 陳寅恪은 그들이 기반으로 한 지역의 이름을 따 關隴 귀족 집단이라고 이름 붙였고, 그 關隴(關中, 隴右-陝西省과 甘肅省) 지역이야말로 五胡十六國 시대에 있어서 민족의 이동이 가장 격심했던 지역 중 하나이다. 李淵은『舊唐書』와『新唐書』에 의하면 西涼을 건국한 李暠의 7대 자손으로 간주된다. 그것은 사실로서는 의심스럽지만 漢族과 五胡의 융합이 진행된 十六國의 건국자의 한사람을 조상으로 구한 것 자체가 唐 왕조의 성격을 상징하고 있다고 할 수 있다.

　秦漢 帝國 이래의 大帝國 隋唐 帝國은 五胡十六國 시대의 五胡의 이동과 漢族과의 융합 속에서 탄생한 것이다. 隋唐 帝國은 중국 뿐 아니라 동아시아와 내륙 아시아 세계에 커다란 영향을 주어 그것을 규정하는 세력으로서 역사상에 남아있으며 그 원천이야말로 五胡十六國인 것이다.

끝맺음

본서 집필 과정에서 독일을 방문했다. 로마제국의 長城 Limes를 실제로 보고 싶었기 때문이다. Frankfurt am Main으로부터 북쪽으로 약25km에 Saalburg유적이 있다. 현재 유적은 정비되었고 3세기의 로마 제국의 성채가 복원되어 있었다. 로마 제국은 기원1세기 후반에 도미티아누스 황제(재위 81~96년) 때에 라인강과 도나우강을 잇는 선에 Limes를 쌓기 시작하여 하도리아누스 황제(재위 17~38년)의 시대에 기본적으로 그것은 완성되었다. 전체 길이 548km에 이르는 게르만 민족과의 경계선이다. Limes의 안쪽 곳곳에 성채가 설치되어 있고 Saalburg 유적은 그 중 하나이며 현재는 3세기의 상태로 복원되어 있었다.

Saalburg는 마인강으로부터 북쪽으로 서서히 표고를 높여 간 타우누스 산지의 분수령 부근에 있어서, 마인강 유역을 지배했던 로마 제국의 그 단계에서의 북쪽 방위선으로서의 역할을 잘 알 수 있다. 산 위의 성채에 의해 북쪽으로부터 게르만 민족의 침입에 대비한 것이다. 그러나 독일의 Limes는 3세기 후반에 게르만 민족의 공세 전에 방치되었다. 그리고 게르만 민족은 그것을 넘었고 또 라인강과 도나우강을 건너 로마 제국 영내로 이주하여 부족 국가를 건설하여 로마의 문화와 융합하면서 유럽 세계를 완성해 갔다.

입장을 바꿔서 동일 시대의 동아시아를 눈여겨보면 漢의 長城을 넘어서 五胡가 華北으로 이주하고 소규모 국가를 차례로 건국하였다. 여기서는 五胡와 漢族이랑 중국 문화와의 마찰도 일어났으나 머지않아 중국은 漢人王朝 隋에 의해 통일되었고, 또 동일한 漢人王朝 大唐 帝國의 지배에 이르게 되었다. 五胡는 바야흐로 漢族의 大海 속에서 소멸되어 버린 것처럼 생각되어져 왔다.

五胡와 게르만 민족은 기원 3세기의 거의 동일한 시기에 漢과 로마라는 두개의 고대 제국의 지배에 대해서 유라시아 대륙의 동서에서 일어난 민족의 움직임이었지만 그 평가에는 큰 차이가 있었다. 그러나 五胡十六國은 秦漢과 隋唐의 帝國 지배의 사이에 하나의 불안정 요인에 지나지 않는 것은 아니었다. 五胡의 중국으로의 이동과 漢族과의 융합을 통해서만이 隋唐의 중국 통일이 실현되었고 국가 체제가 구축되었으며 胡服과 騎馬가 보급되었고 불교가 침투된 것이다. 본서에서 서술하고 싶었던 것은 게르만 민족에 비해 지금까지 과소평가되었던 五胡 그리고 十六國의 정당한 평가로의 의견을 제시한 것이다.

본서 집필의 의뢰를 받은 것은 1996년 가을이었다. 五胡十六國과 민족을 중심으로 연구를 계속해 온 나에게 있어서는 매력적인 기획이었으나 완성까지 생각보다 시간이 걸려 버렸다. 또 집필 과정에서 아직 해명되지 못한 문제와 새로운 관점 등을 많이 깨달았으나, 그것들은 앞으로 자신의 연구 방향을 제시해주게 되었다. 그런 의미에서 본서의 집필은 나 자신에게 있어 대단히 중요한 체험이었다. 집필의 기회와 자상하고 친절한 조언을 주신 東方書店의 阿部哲에게 마음으로써 감사드린다.

2002년 1월

三崎良章

역자 후기

중국의 역사는 多民族의 역사이다. 역사의 발전을 따라서 서로 다른 지역성 문화 유형의 공동체에서 서로 다른 종족과 민족이 형성되면서 그들이 漢族과 더불어 中國史를 창조했음을 부인 할 수는 없을 것이다. 특히 魏晉南北朝 시기를 전후에서 이러한 민족 문제가 첨예하게 역사의 주류로 등장하게 되었고, 또 그들의 활동이 中國史를 이전과 다른 역동적인 역사로 이끌었다. 이들 중의 대표적인 종족이 바로 中國史에서 말하는 五胡라는 여러 종족이며 그들이 中原에 진입하여 건국한 정권이 20여개에 이를 정도로 그들의 활동은 괄목할 만한 것이었다. 즉 각 종족의 대규모 移動과 交流를 통한 大融合은 漢族과 異民族으로 하여금 대량의 신선한 혈액과 문화를 흡수하여 각각의 체질과 문화 방면에 이전과 완전히 다른 활력과 창조력을 구비하게 되어 漢族과 異民族의 發展史上에 里程標가 되었다.

이 책의 저자인 三崎良章 선생은 早稲田大學을 졸업하고 同大學 大學院에서 東洋史學을 專攻하였으며, 현재 早稲田大學 本庄高等學院에서 교편을 잡고 있다. 주목할 만한 논문으로는 「五胡諸國の異民族統御官と東晉」『東方學』82, 1991 ; 「異民族統御官にあらわれた五胡諸國の民族觀」『東洋史研究』54-1, 1995 ; 「東夷校尉考」『東アジア史の展開と日本』, 2000 ; 「十六國夏の年号について」『史觀』152, 2005 등을 발표한 일본의 중견학자로 국내외에 널리 알려져 있다.

譯者는 魏晉南北朝史 그 중에서도 五胡十六國史를 전공하였고, 魏晉南北朝史 중에서 여러 가지 이유로 연구가 부진했던 五胡十六國 시기의 역사와 문화에 대해서 오래전부터 일련의 논저를 발표하였다. 또 논저를 발표하는 틈틈이 준비된 자료를 이용하여 通史 형식의 五胡十六國史에 대한 전문적인 개설서를 저술하려고 구상하였다.

譯者의 이러한 구상은 2000년 1월부터 준비된 자료를 이용하여『五胡列國史』라는 명칭 하에 본격적으로 집필 작업을 진행하면서 구체적인 윤곽이 드러나고 있었다. 물론 당시에도 五胡十六國 시기의 1∼2개 왕조의 단편적인 기록에 대해서는 周偉洲,『漢趙國史』, 山西人民出版社, 1986. 등이 있었지만, 五胡十六國史에 대한 通史 형식의 전문적인 개설서는 韓國, 中國, 日本, 臺灣 등 어디에서도 찾아볼 수가 없었던 시절이었다.

譯者가『五胡列國史』를 집필하던 중에 2000년 5월에 臺灣의 臺北에서 趙丕承(編),『五胡史綱(上,中,下)』, 藝軒圖書出版社, 2000.이 출간되어 譯者의 집필 작업에 적지 않은 영향을 주게 되었다. 다행히 趙丕承의『五胡史綱(上,中,下)』은 五胡의 정치와 군사 및 대외관계 등에 치중하였고, 五胡의 명칭, 종족 근원, 거주지, 풍속 습관 등 문화방면에 대한 언급이 거의 없어서 아쉬운 점이 많았다. 그 이후 譯者의『五胡列國史』저술 작업은 순조롭게 진행되어 2002년 2월에 草稿가 완성되었다. 그러나 草稿의 수정과 보완을 진행할 무렵에 일본에서 출판된 三崎良章,『五胡十六國－中國史上の民族大移動－』, 東方書店, 2002.에 의해서 역자의『五胡列國史』는 또 한 차례 커다란 영향을 받게 되었다. 즉 三崎良章의 胡漢 상호 융합과 영향 및 이를 통한 新文化와 新中國의 형성이라는 새로운 관념과 五胡와 十六國에 대한 상세한 고증은 譯者의『五胡列國史』내용을 전체적으로 검토하게 하는 계기가 되었다.

이상의 과정을 거치면서 譯者의『五胡列國史』는 내용과 체제 방면에서 많은 개량과 진전이 있게 되었고, 자연스럽게 출판 작업도 연기되게 되었다. 그리고 차제에 五胡十六國 역사에 대한 해외 연구 활동을 국내에 소개하여 다음과 같은 목적을 이루고자 시도하였다.

첫째, 국내 연구자에게 魏晉南北朝史와는 별도로 3세기 말기에서 5세기 중기의 중국 북부에서 최대 20여개에 이르는 정권이 병립하여 五胡十六國 시대라고 일컬어지는 대분열 시대에 대한 관심과 연구 동기를 제공하는데 있다.

둘째, 상관 분야에 대한 論著의 발표와 비판을 촉진하여 五胡十六國 史에 대한 시대 구분과 국내 연구자들의 연구 역량과 수준을 제고하는데 일익을 담당하기 위함이다.

譯者가 의도한 이러한 과정이 순조롭게 진행되면 국내에서 그동안 魏晉南北朝史라는 단일 명칭에 의한 중국사 연구 작업은 三國史, 兩晋史, 五胡十六國史, 北朝史, 南朝史 등으로 세분되어 중국 中世史 전반기의 역사 상황을 보다 세밀하게 이해할 수 있게 될 것으로 확신한다.

끝으로 이 책을 번역하여 국내에 소개하는 작업을 승낙해주신 저자 三崎良章 선생과 최근 국내의 어려운 출판 환경에도 불구하고 人文學의 발전을 위하여 애쓰시는 경인문화사의 한정희 사장님의 흔쾌한 출판 승낙에 깊은 감사를 드린다. 또 이 책이 빛을 볼 수 있도록 계약문제 등 여러 가지를 도와주신 신학태 부장에게도 사의를 표한다.

2007년 1월

金榮煥 識

주요 참고문헌

(참고한 문헌은 많지만 여기서는 五胡十六國을 주제로 하거나 혹은 주제로 포함
된 중요 단행본만을 열거하였다.)

池培善, 『中世東北亞史硏究－慕容王國史－』, 一潮閣, 1986.

池培善, 『中世中國史硏究－慕容燕과 北燕史』, 연세대학교출판부, 1998.

朴漢濟, 『中國中世胡漢體制硏究』, 一潮閣, 1988.

李季平, 『淝水之戰』, 上海人民出版社, 1955.

李祖桓, 『仇池國志』, 書目文獻出版社, 1986.

周偉洲, 『漢趙國史』, 山西人民出版社, 1986.

周偉洲, 『南涼與西秦』, 陝西人民出版社, 1987.

趙以武, 『五涼文化述論』, 甘肅人民出版社, 1987.

戴應新, 『赫連勃勃與統萬城』, 陝西人民出版社, 1990.

蔣福亞, 『前秦史』, 北京師範學院出版社, 1993.

江永紅, 『王猛』, 解放軍出版社, 1996.

杜斗城, 『北涼佛敎硏究』, 新文豊出版, 1998.

趙丕承(編), 『五胡史綱』, 藝軒圖書出版社, 2000.

林　幹, 『匈奴通史』, 人民出版社, 1986.

黃　烈, 『中國古代民族史硏究』, 人民出版社, 1987.

楊　銘, 『氐族史』, 吉林敎育出版社, 1992.

洪　濤, 『五涼史略』, 中國社會科學出版社, 1992.

洪　濤, 『三秦史』, 復旦大學出版社, 1992.

齊陳駿·陸慶豊·郭鋒, 『五涼史略』, 甘肅人民出版社, 1988.

田村實造, 『中國史上の民族移動期』, 創文社, 1985.

船木勝馬, 『古代遊牧騎馬民の國』, 誠文堂新光社, 1987.

谷川道雄, 『增補 隋唐帝國形成史論』, 筑摩書房, 1998.

川本芳昭, 『魏晉南北朝時代の民族問題』, 汲古書院, 1998.

찾아보기

저자소개

▫ 三崎良章

1954년 埼玉縣 深谷市 출생.
1977년 早稻田大學 第1文學部 東洋史學 專攻
1983년 同大學 大學院 博士後期課程單位取得
東亞細亞史 專攻
現在 早稻田大學 本庄高等學院 敎諭

주요 논문
「五胡諸國の異民族統御官と東晋」『東方學』82, 1991.
「異民族統御官にあらわれた五胡諸國の民族觀」『東洋史研究』54-1, 1995.
「東夷校尉考」『東アジア史の展開と日本』, 2000. 等

역자소개

▫ 金 榮 煥

서울 출생
明知大學校 人文大學 史學科(文學士)
中華民國 國立臺灣大學 歷史學大學院 碩士班(文學碩士)
同 大學 博士班(文學博士)
魏晉南北朝史(五胡十六國史) 專攻
현재 남서울대학교 인문사회학부 중국학과 교수

저, 역서
『魏晉南北朝史』, 서울, 藝文春秋館, 1995. 외 8권

주요 논문
「5胡16國時期 匈奴族 政權의 文化變容 硏究-漢・前趙를 中心으로-」『中國學硏究』 제24집, 2003. 외 28편